Frères d'âme

La collection *Le Monde en soi*
est dirigée par Denis Lafay

www.editionsdelaube.com

ISBN 978-2-8159-4096-2

Edgar Morin
Pierre Rabhi

Frères d'âme

« Allons au-devant de la vie »

Entretien
avec Denis Lafay

éditions de l'aube

Et la poésie jaillit

Le déjeuner a été savoureux, le vin (biologique et du Languedoc, bien sûr!), généreux et à propos. Dans cet établissement montpelliérain où Edgar a ses habitudes, nous pouvons rejoindre désormais le salon adjacent et prendre place dans le confortable canapé disposé à notre attention. Pierre et Edgar s'assoient côte à côte. Dos à eux, un jardin luxuriant, une lumière diaphane ou éblouissante au gré des ondulations nuageuses, une végétation opulente qui aurait inspiré le peintre cévenol d'adoption Jacques Truphémus [1922-2017] – auquel la merveilleuse Marie-Hélène Lafon rend souvent hommage sur les couvertures de ses romans et nouvelles. Jacques qui *tout entier* était dans l'habitation de son art, Jacques et sa poésie, son obsession de l'essentiel, son exigence esthétique, sa *déférence* pour la nature, Jacques et son implacable lecture politique et civilisationnelle de la création, aurait été à sa place, ici, avec Edgar et Pierre, immortalisant de son pinceau ce moment, cette rencontre d'exception. « Peintre de l'Humanité », avais-je titré la monographie que je lui avais dédiée en 2011 ; Jacques et son œuvre incarnaient pleinement l'accomplissement du *Je* et du *Nous*, cette articulation entre *soi* et *autrui* à laquelle, chacun dans sa *voie*, Edgar et Pierre consacrent leurs fois, leurs itinéraires respectifs.

Moment, rencontre d'exception, en effet. Et pour s'en convaincre, les premiers instants suffisent. D'emblée, l'œil d'Edgar brille, le tronc se contorsionne d'impatience – d'analyser, d'interpréter, de porter un cri –, tout le corps est annonciateur d'un plaisir et d'une vélocité intellectuelle qui promettent beaucoup. De son côté, Pierre, disciple de la sociologie des « âmes », définit ce que représente, à ses yeux, un interlocuteur qu'il n'a que très rarement et furtivement croisé jusqu'alors, mais avec la conscience duquel sa propre conscience est en communion : « Il est mon frère. » Cinq heures plus tard, cette alchimie des consciences a modelé un dialogue *extra-ordinaire*, une fulgurance émotionnelle qui s'apparente au miracle. Oui, il est parfois une circonstance qui, à la faveur du Mystère – qu'il s'agit surtout de préserver, de ne pas vouloir élucider –, devient Grâce. Ce moment, cette rencontre qui s'annonçait d'exception, se révèle davantage : transcendance. « La « vraie vie », n'est-ce pas la quête extatique ? » questionne, plus loin, Edgar ; si c'est le cas, nous allons, avec le dialogue offert par ces « frères d'âme », saisir un instant de « vraie vie ».

C'est d'ailleurs bien à la transcendance que l'époque invite. Ou, plutôt, somme. Mais quelle époque ? Celle de la pandémie du Covid-19 ? Pas particulièrement. Les bouleversements sociétaux et sociaux, les ravages sanitaires et économiques, les convulsions géopolitiques et humanitaires sont, bien sûr, d'une soudaineté et d'une amplitude inédites. « Les » crises que provoque l'irruption planétaire du coronavirus sont, bien sûr, d'une crudité et d'une férocité imprévisibles. Et, pour l'heure, même si les premiers indicateurs de paupérisation, de drames professionnels, de lézardes affectives, d'infirmité psychologiques, de fissures sociétales forment une grille de lecture, les répercussions à court et à long terme demeurent encore indéchiffrables et, de toute façon, kaléidoscopiques. En effet, chacun, dans sa singularité psychique et intime, dans la singularité de son capital affectif et émotionnel, dans la singularité de ses vulnérabilités, dans la singularité de ses sphères familiale et amicale, dans la singularité de son habitat et de ses ressources matérielles, dans la singularité de son amarrage professionnel ou des dispositifs d'aides propres à son pays, est unique face au péril protéiforme. Unique, et, pour gérer cette singularité, souvent *seul*.

Mais l'« époque pandémique » n'est que l'amplificateur des symptômes de l'époque moderne, l'accélérateur des stigmates de la contemporanéité. À cette occasion, comme jamais peut-être chez Edgar, le monde a « pénétré » en lui. Et ce monde éruptif, démuni, statufié, Pierre l'a observé comme la démonstration spectaculaire de l'indicible précarité de l'humanité. Toutefois, les « leçons » qu'ils tirent depuis le début du premier confinement ne sont qu'un ajout, une strate supplémentaire du monticule des dévastations dont l'Homme se rend coupable. Oui, l'énonce le fondateur du Mouvement Colibris, cela fait « bien longtemps » que l'humanité, méthodiquement, transgresse les lois de la vie et travaille à son éradication. « L'enfer est ici, sur terre, et n'a pas pris forme avec le coronavirus. » Et c'est dans une savante distinction entre la singularité et l'a-singularité du moment pandémique que le sociologue et l'agroécologiste puisent le substrat de leur lumineux dialogue. Une distinction savante et fondamentale ; car confiner le mal-être de l'humanité et la consomption de la planète à la propagation de l'infiniment petit « SARS-CoV-2 », c'est s'égarer. Faire fausse route. Fausse route vers laquelle le foisonnement de raisonnements captieux, la profusion d'armes – financières, médiatiques, industrielles, politiques – spécieuses, embarquent et instrumentalisent avec talent. Quel confort, mais aussi quelle lâcheté et quelle déraison de succomber à la tentation de la cécité.

Les crises sécrétées par *la crise* pandémique ne sont guère, comparées *aux crises* de la modernité et de la civilisation. Celles-ci ont germé au XXe siècle, et leur diffusion s'est accélérée ces dernières décennies. La contagion n'a épargné personne ; aucune communauté, aucun peuple, aucune nation, n'a échappé au pouvoir prédateur du capitalisme financier, aux forces rapaces du néolibéralisme, à la décomposition de la gouvernance internationale et des autorités d'État, à une mondialisation dérégulée privilégiant l'antagonisme à la coopération, l'adversité à la solidarité, le morcèlement à l'unité. Le dogme du *profit*, le sésame de la *croissance*, la règle de l'*économisme,* polarisent l'humanité crépusculaire ; ils ont détourné « les » progrès – moral, intellectuel, politique, démocratique, et surtout, bien sûr, scientifique – de leur finalité : le Progrès humain. Plus précisément l'*éthique* du Progrès humain, à laquelle s'arriment équité, justice, respect, fraternité. Ce trident idéologique a fait prospérer cupidité, égoïsme et vassalités, il a mercantilisé les relations sociales sous toutes leurs formes, il a légitimé d'insoutenables inégalités. Même le corps humain s'y courbe. Ainsi la philosophe Sylviane Agacinski de citer, dans *L'Homme désincarné*[1], Karl Marx morigénant « le temps de la corruption générale, de la vénalité universelle, ou, pour parler en termes d'économie politique, le temps où toute chose, morale ou physique, étant devenue valeur vénale, est portée au marché pour être appréciée à sa plus juste valeur[2] ».

Laver la *valeur* de ses impuretés, la désindexer du poison marchand, et donc, comme l'implore Pierre, « mettre fin à la

---

1. Sylviane Agacinski, *L'Homme désincarné ; du corps charnel au corps fabriqué*, Paris, Gallimard, Tracts, 2019.
2. Karl Marx, *Misère de la philosophie*, l. I, 1847.

cacophonie des valeurs, une question de survie », est improbable. Concentrer le Progrès humain à « convivialiser l'humanité » est songe. Même les plus insupportables manœuvres ne soulèvent plus l'opprobre ou l'anathème. Le 9 novembre, le laboratoire Pfizer annonçait la réalisation d'un vaccin contre le Covid-19 efficace à 90 % et connaissait instantanément un bondissement du cours de ses actions en Bourse; le même jour, Albert Bourla, son PDG depuis 2019, procédait à la cession de titres qu'il détenait personnellement, pour un montant de 5,6 millions de dollars...

L'emprise néolibérale a glorifié, divinisé l'espèce humaine. Elle l'a aussi réifiée, chosifiée. Et simultanément, comme le démontre Edgar, elle a déclenché une foudroyante « régression intellectuelle et morale » et ouvert la voie à de « nouvelles barbaries ».

En effet, l'espèce humaine s'est appropriée le droit d'aliéner; d'abord au sein d'elle-même, puisqu'elle « s »'applique en toute légalité les verbes *dominer*, *s'emparer de*, *asservir*, *hiérarchiser*, *détruire*, non plus sur le traditionnel champ de bataille, mais dans les salles de réunion des conglomérats financiers, dans les coursives des empires multinationaux, dans les enclaves boursières, dans les discrets cénacles décisionnels, dans les canaux informatiques, là où désormais le monde s'ordonne. Un monde « archipélisé », une communauté humaine fragmentée, une humanité que le calcul prépotent, les cloisonnements imperméables, l'hyperspécialisation, fossilisent. L'esprit de guerre n'a pas décliné, bellicisme et rhétorique martiale n'ont pas reculé ; simplement, ils s'expriment au-dessus des frontières, emploient des armes insaisissables, jouissent de l'impunité.

Dès lors, la liberté est devenue une mystification. À la faveur de la raréfaction des régimes dictatoriaux et de l'explosion des technologies de la communication, avec pour support des réseaux sociaux offrant l'opportunité narcissique inédite de se « penser » unique, de se croire « essentiel », et même d'affirmer la haine et le mensonge, *Homo sapiens* juge que le XXIe siècle est celui de l'émancipation, de l'affranchissement. Cruel fantasme. Il est, comme jamais, encagé dans des pulsions consuméristes, des pulsions de conquête, des pulsions expansionnistes. Cette liberté est chimère. Et s'il fallait un seul chiffre pour nous en convaincre, tournons-nous vers Wall Street.

À l'heure d'écrire ces lignes, la capitalisation cumulée des GAFAM (Google, Apple, Facebook, Amazon, Microsoft) approchait les… 7 000 milliards de dollars, et avait bondi de… 40 % depuis le début de la pandémie mondiale. Un enrichissement amoral, à l'heure de la déflagration sanitaire et humaine planétaire ? Non. Immoral. Et annonciateur d'une de ces « nouvelles barbaries » prophétisées par Edgar ; l'empire oligopolistique ancré sur la côte Ouest américaine orchestre la mutation – que la crise du coronavirus accélère dans des proportions fulgurantes – du capitalisme industriel vers le capitalisme numérique. Ce capitalisme numérique, davantage encore financiarisé, s'emploie à la digitalisation et à l'uniformisation du modèle de société, *via* la technologisation et la standardisation des relations : intrafamiliales et amicales, au travail, sociales, et donc humaines. Ces GAFAM, auxquels il faut additionner leurs équivalents chinois, possèdent les « données », grâce auxquelles – et avec l'assentiment de leur proie – ils étendent subrepticement leur *soft despotism* sur les consciences : manipulation des consciences, orientation des consciences, contrôle des consciences. Incarcération des consciences. Les consciences sont séquestrées, la liberté est en captivité, les démocraties sont dépecées. Au moment où la Pléiade publie l'œuvre de George Orwell, ce que ces monstres inspirent au généticien Axel Kahn[1] retentit avec éclat : « Ils sont le Big Brother du XXIe siècle. » La vérité – et son antonyme – est escroquée, l'émotion, la créativité, l'individuation, sont oxydées, confisquées entre de mauvaises mains. Celles d'un néototalitarisme, redoutable parce qu'il est planétaire et consenti. Et qu'il sédimente irrépressiblement.

---

1. Axel Kahn, *L'éthique dans tous ses états*, dialogue avec Denis Lafay, La Tour d'Aigues, l'Aube, 2019.

Prisonniers, nous le sommes devenus aussi de la mort. Et cette geôle semble abriter toutes les autres. Technologisme, divagation transhumaniste, dépérissement spirituel, individualisme égotiste, marchandisation tentaculaire, détournent de l'acceptation de la mort. La mort, en Occident, devient incompréhensible, récusable. L'envie de la défier et de la repousser, plus encore l'effroi et la répulsion qu'elle inspire, déclenchent du vivant la déraison. Parfois la folie. « On s'entretue », se désole Pierre, « on » pille, arraisonne, empile pour *remplir*, « on » se hasarde à tout pour conjurer, amadouer ou éloigner la sentence, « on » abandonne toute considération et responsabilité à l'égard des vivants qui nous survivent, l'insatiabilité entraîne vers le suicide collectif. « On se venge d'elle. » La conscience de sa périssabilité, la conscience qu'il n'est qu'un « passager éphémère », aurait dû favoriser chez tout homme la fraternisation. « Puisque nous sommes perdus, pourquoi n'agissons-nous pas en frères ? » s'interroge Edgar, en écho à Albert Cohen dans *Belle du Seigneur*.

Cependant, l'espèce humaine n'a pas pour seul butin elle-même. Il lui fallait un terrain de chasse supplémentaire, sur lequel elle exerce son omniscience, son anthropocentrisme, sa concupiscence, sur lequel elle assouvisse son appétit de domestiquer, d'acquérir et de s'étendre, quelles qu'en soient les conséquences. Son ivresse de l'*ubris*. Ce terrain, aujourd'hui, est la Terre – demain, ce sera l'espace. Aucune autre espèce vivante qu'elle-même ne compte, aucune espèce animale et végétale, utile ou non à sa goinfrerie, ne compte, aucune ressource naturelle, nécessaire ou non à son avidité, ne compte, aucun des éléments – eau, air, forêts, océans, déserts, montagnes, glaciers, etc. – composant la biodiversité et les équilibres climatiques et environnementaux ne compte. Seul trouve grâce l'accomplissement de son arrogance scientiste, de son désir effroyable d'assujettir et de posséder. Trop peu s'aventurent à contester le mythe prométhéen, le progrès technologique est irrésistible, ses gains sont définitifs, et comme il est censé immuniser le progrès humain, ce dernier s'y dilue et apparaît lui-même irréfrénable. Et au final, à cette nature dont il se croyait maître, l'Homme développe une forme nouvelle de dépendance. D'inféodation schizophrénique. L'humanité se désagrège de ne pas entendre ce que symbolisent les déclarations, au milieu du XIXe siècle, du chef amérindien Seattle auquel Pierre aime se référer : « La terre n'appartient pas à l'homme ; l'homme appartient à la terre. » Descartes destinait la technique aux fins de maîtriser la nature ; il n'imaginait pas que quatre siècles plus tard, au verbe *maîtriser* se substituerait celui de *corrompre*, celui d'*anéantir*. Sa morgue conduit l'Homme prématurément à la morgue. « Le progrès était la loi de l'histoire. C'est fini », assène Edgar, le théoricien de la complexité.

Complexité. S'il est un « tournant anthropologique sans équivalent », s'il est un moment de l'histoire de l'humanité comme jamais ligoté aux théorèmes de la simplification, du simplisme et du « solutionnisme » – thèse de la solution unique, justement blâmée par le paléoanthropologue Pascal Picq[1] –, et qui réclame, pour sortir des limbes, d'épouser la *pensée complexe*, c'est celui que nous traversons. La *pensée complexe*, pour trouver la lumière dans le maquis des paradoxes, dans le labyrinthe des écartèlements moraux – la cause écologique, éminente chez Edgar et Pierre, n'est pas la moindre qui met en tension notre cohérence –, la *pensée complexe* comme une passerelle ouvrant à une *pensée nouvelle*, condition centrale pour envisager la fin de la spirale décivilisationnelle et pour espérer la réhumanisation de l'humanité.

Cette *pensée nouvelle* se veut en permanence *régénératrice* – pour riposter à la dégénérescence –, elle ensemence au plus jeune âge, dans cette enfance aujourd'hui intoxiquée par la ciguë consumériste et matérialiste, corrodée par les diktats de la compétition, de la rivalité, de la « réussite ». Et de la virtualité. Comment

1. Pascal Picq, « Commerce et confinement : innovons, adaptons-nous », Libération, 8 novembre 2020, en écho à *S'adapter ou périr,* dialogue avec Denis Lafay, La Tour d'Aigues, l'Aube, 2020.

démenotter de ces écrans, coupables de provoquer le désapprentissage de savoirs essentiels, et aussi, comme le démontre le neuropsychiatre Boris Cyrulnik, d'assécher un composant fondamental de l'item *ensemble* – penser, partager, bâtir ensemble – : la capacité d'empathie ?

La *pensée nouvelle* permet de se frayer une voie au milieu des innombrables injonctions contradictoires et options antithétiques qui mettent l'éthique à l'épreuve et qu'il est si confortable d'éluder. Cette éthique que Paul Ricœur situait à l'intersection de trois exigences : *le souci de soi*, *le souci d'autrui*, *le souci des institutions justes*. Cette éthique, la *pensée nouvelle* l'attelle aux principes de solidarité, de responsabilité, d'équité, de partage, à l'exploration des « biens communs » appelés à être sanctuarisés. Lesquels, s'ils illustrent l'étincelante suggestion de l'écrivain israélien David Grossman : « Le bien de chaque être humain n'est-il pas, en fin de compte, notre bien à tous ? », convoquent la restauration d'une valeur aujourd'hui enfouie, la gratuité. Plus exactement la « véritable » gratuité d'un geste, d'un acte, d'un regard, d'un sourire, d'un silence, d'une larme, une gratuité à laquelle l'omnipotence marchande soustrait souvent l'adjectif, une gratuité que « la modernité a tuée », selon le penseur Ivan Illitch. « L'homme n'est pas "que" voleur et destructeur du bien commun qu'est la planète vivante : il en est l'assassin », se désespère Pierre.

La *pensée nouvelle* est, par ailleurs, inconditionnelle du chantier de résurrection de la démocratie. Une démocratie aujourd'hui évidée, même « décadente », déplore Edgar. La démocratie *réveillée* sollicite l'adossement à une politique « écologiquement, socialement, économiquement, culturellement, équitable », elle considère, répare, mais aussi honore ce qui est intrinsèque à l'intensité de toute existence : la fragilité, « trésor » de l'âme. Une démocratie continue, inspirante, fondée sur la reliance du « singulier et de l'universel » ainsi conceptualisée par l'ex-édile Jo Spiegel, admirateur d'Edgar, et dès lors suffisamment robuste pour escorter les aspirants à la résilience.

La *pensée nouvelle* dissuade de recourir à la violence, elle convainc que la violence contre autrui est endiguée lorsque les cœurs sont en paix. Elle écarte les tentations de l'impossible et de la certitude, elle réhabilite et réenchante les cultures du *possible* et de l'incertitude. L'imprévisibilité, l'aléa, l'inexplicable, l'imprévu, forment des conditions de la « vraie vie », la vie qui devient vraie lorsqu'elle est appréhendée comme une aventure. À ce *possible* est consubstantielle l'utopie, à la protection de laquelle la *pensée nouvelle* doit s'employer sans ployer, en luttant contre les spectres du rationalisme et du « pseudo » réalisme, cultivés pour la discréditer.

L'émergence et la propagation d'une telle *pensée nouvelle* signifient davantage qu'une transformation : une métamorphose. Cette métamorphose civilisationnelle prend appui sur l'agrégation des « oasis » qui portent ladite *pensée nouvelle*, et au préalable sur l'*aggiornamento* intérieur, intime, que le citoyen de la planète doit décider d'engager. Mais comment faire ? Comment faire *communauté de destins* quand la mosaïque des destins est à ce point hétéroclite, et l'équation, l'harmonisation des destins, aussi insoluble ? Comment faire Terre matrice, Terre mère, Terre patrie, lorsque la Terre est l'objet d'un registre aussi composite de sentiments et de comportements, la révérence des uns se fracassant sur le mépris fossoyeur des autres ? Le dénouement tient à l'articulation entre *Je* et *Nous*. Ce *Je* que l'époque hypertrophie, ce *Nous* qu'elle dilate.

Quel *Je* dans – et pour – quel *Nous* ? Quel *Nous* pour stimuler chaque *Je* ? Quel *Je* et quel *Nous*, pour que *Je* éclose dans *Nous*, pour que *Nous* fertilise *Je* ? Pour qu'un *Je* responsable et solidaire germine un *Nous* responsable et solidaire, *Je* et *Nous* composant alors la fraternité ? Quel *Nous* qui ne soit pas collectivisation ou dissolution des *Je*, mais au contraire la « co- » (élaboration, opétition, llaboration, oopération, agulation) des *Je* liés par le principe de réciprocité selon lequel chacun existe *avec* et *grâce* à autrui, s'enrichit de ce qu'il *donne à* et *reçoit d'*autrui. Nous nous mirons en l'existence d'autrui. L'idiome propice à une telle combinaison symbiotique de *Je* et de *Nous* est copieux. D'une même voix, Edgar et Pierre en extraient deux éléments capitaux : l'amour et l'intelligence. « Dans l'aventure du cosmos, l'humanité est sujet de la relation inextricable entre ce qui unit (Éros), oppose (Polémos) et détruit (Thanatos). Il faut bien sûr prendre le parti d'Éros, ce qui demande de l'intelligence, encore de l'intelligence, et de l'amour, encore de l'amour », clame le premier.

« Qu'il est difficile d'aimer... », chante le poète québécois Gilles Vigneault[1]. Oui, qu'il est (devenu) difficile d'aimer, difficile aussi d'être dans l'accomplissement, individuel et collectif, de l'intelligence – s'il est admis que l'intelligence est la conversion des connaissances et des aptitudes au dessein du Progrès humain respectueux de la Terre. L'arsenal que détiennent les contempteurs de l'Amour, les corrupteurs de l'Intelligence, ceux qui maçonnent les

1. Gilles Vigneault, *Le doux chagrin*, 1962.

nouvelles barbaries, est inépuisable. Que peuvent, face à eux, les disciples d'un « humanisme régénéré » ? Peu… mais c'est déjà beaucoup.

Ces disciples sont, d'abord, des résistants. « Face à l'humanité en péril, comment ne pas se sentir résistant ? » interpelle Pierre. Quant aux semences de ce « peu », où se concentrent-elles et, concomitamment, doivent-elles inoculer ? Dans les consciences. Selon leur niveau d'éveil, elles sont endormies, embryonnaires, insoupçonnées, mûres ou prêtes à jaillir. L'enjeu réside dans la conscientisation des esprits. Conscientisation de la vacuité et de la démence contemporaines, conscientisation de la biodiversité et de la sobriété, conscientisation que chaque être vivant *est* écologie et donc que l'écologie ne peut pas être cloîtrée dans une chapelle partisane. Conscientisation de l'essentiel, conscientisation de la beauté, conscientisation de l'émerveillement, conscientisation du bien commun. Conscientisation de ce qui « fait » *humanité* et donc *sens de la vie*. Alors, à la prédominance des sujets *contre lesquels nous devons lutter*, se substitue celle des sujets *pour lesquels nous voulons lutter*.

Cette conscientisation ne féconde pas *in utero*. Les sources et ramifications sont plurielles. L'une d'elles se dénomme poésie. Elle est cardinale. « Les résistances poétiques doivent maintenant se disséminer, se déterritorialiser, se chaotiser, se diffracter et s'infecter mutuellement », a raison d'exhorter l'astrophysicien et philosophe Aurélien Barrau[1]. La poésie pour galvaniser la résistance, la résistance drapée dans la poésie… Quel noble combat.

La politique de civilisation que convoitent Edgar et Pierre nécessite « la pleine conscience des besoins poétiques de l'être humain ». La poésie pour se délivrer de l'état prosaïque des choses, la poésie pour (ré)apprendre à recevoir et partager le beau. La poésie pour (re)trouver le goût d'admirer, et ainsi de respecter, et alors de

1. Aurélien Barrau, *Le plus grand défi de l'histoire de l'humanité*, Paris, Michel Lafon, 2020.

protéger. La poésie pour libérer les vibrations, pour (s')extirper des ténèbres, pour offrir un autre récit que dystopique. La poésie pour colmater la désunion et lénifier l'indicible, pour réenluminer la fraternité et cautériser la planète incandescente. La poésie pour se sentir « pleinement humain ».

La poésie, enfin, pour qu'à la collusion des armes succède la fraternité des âmes.

Denis Lafay

Denis Lafay. — Nous nous retrouvons tous les trois, en ce mois d'octobre, à Montpellier. Jusqu'à ce jour, vos chemins s'étaient croisés aussi rarement que brièvement et ne s'étaient jamais prêtés à un dialogue comme celui que nous initions. Est-ce à penser que vos consciences, vos champs de compétence, vos domaines d'intérêt ou d'expertise n'étaient pas prêts à se rencontrer ?

Edgar Morin. — Nous nous sommes en effet très peu vus de manière physique, mais nous nous sommes souvent approchés «psychiquement», « intellectuellement» et «émotionnellement». Voilà ce qui est important : cette sorte de convergence profonde entre nos deux vies et nos deux pensées.

Pierre Rabhi. — Je ne sais pas si le hasard existe… Chacun poursuit son itinéraire, et puis, à un certain moment, ces itinéraires se croisent, sans préméditation. Les âmes recèlent un espace d'évolution qui leur est propre ; lorsqu'elles sont dans les mêmes attentes et sont appelées à s'entendre, forcément elles se rencontrent.

Denis Lafay. — Edgar, que représentent, pour vous, Pierre et son engagement, Pierre et son cheminement ? Et vous, Pierre, qu'incarnent, à vos yeux, les travaux et les combats d'Edgar ? Ce que vous êtes, pensez, avez entrepris, fait-il écho à, nourrit-il les desseins de votre interlocuteur ?

Edgar Morin. — À cet enjeu si important aujourd'hui qu'est la régénération du travail de la terre et de l'agriculture, qu'est la cause « bio » et naturelle, Pierre a apporté, avec la notion d'agroécologie, une contribution fondamentale. Il ne suffit pas de « dire bio » – après tout on peut cultiver en « bio » des champs de tomates à l'infini et dans le mépris d'exigences environnementales et sociales ! L'agroécologie est un ensemble de pratiques qui créent leur propre écosystème, leur propre relation entre les différents êtres vivants (végétaux, animaux). Cette approche de la polyculture constitue la véritable rénovation de l'agriculture. Mais sa richesse et ses bienfaits dépassent ce seul terrain ; l'expérience de Pierre, telle que l'incarne le Mouvement Colibris, va dans le sens de la communauté et invite chacun à apporter sa « part », aussi modeste soit-elle, au bien commun. Cette expérience sollicite des enjeux, des réflexions, des perspectives qui questionnent et investiguent bien au-delà de la seule culture de la terre : elles mettent en lumière la *solidarité humaine*.

Pierre Rabhi. — Je crois à la sociologie des consciences, à la sociologie des âmes. Celle-ci ne se réduit pas à la sociologie humaine, car finalement on peut faire partie d'une même famille et ne pas s'entendre. Il existe quelque chose qui dépasse notre « biographie vivante » et qui invite à se rendre vers un espace où les consciences convergent entre elles parce qu'elles sentent les mêmes résonances et partagent des aspirations communes. La première fois que j'ai lu Edgar – il y a bien longtemps –, la première fois que nous nous sommes rencontrés, je me suis dit : voilà un frère. Peu importe nos origines et nos trajectoires, Edgar est un *frère* parce que je l'éprouve comme tel. Un frère, c'est celle ou celui avec laquelle ou lequel, *ensemble*, nos consciences vibrent dans les mêmes attentes, les mêmes engagements, et s'ouvrent à l'humanité. Or, n'est-ce pas ce dont le monde a vraiment besoin ?

Denis Lafay. — Edgar, vos travaux de sociologue et de philosophe, mais plus encore votre trajectoire d'homme et votre itinéraire humaniste, vous érigent en gardien de la fraternité. Pierre vous signifie que vous êtes son « frère ». Quelle entrée en matière !

Edgar Morin. — Je n'osais pas exprimer de la sorte ce sentiment… mais je le ressens intimement. Évidemment, il existe une fraternité que nous devons ressentir *a priori* à l'égard de tout être humain. Mais il y a des fraternités particulières de personne à personne, qui s'établissent de pensée à pensée. Pierre et moi sommes liés par « quelque chose » de fraternel.

Denis Lafay. — De notre première véritable rencontre à aujourd'hui, huit mois se sont écoulés. Huit mois d'une impensable et inédite singularité ; un séisme sanitaire, économique, social, politique, portant le nom de coronavirus ou Covid-19, a surgi, provoquant un chaos planétaire et déterrant une mémoire du « tragique » que l'on croyait inhumée. Comment, personnellement, intellectuellement, émotionnellement, au final : intimement, avez-vous vécu l'épreuve du premier confinement, celle du risque et de la peur de la maladie, celle d'un postconfinement erratique, sans visibilité, synonyme d'un ressac et aujourd'hui d'une nouvelle réclusion ?

Edgar Morin. — Pendant cette période, j'ai été, *peut-être comme jamais,* confiné physiquement ; mais, *peut-être comme jamais* aussi, je me suis senti déconfiné psychiquement. Je suivais chaque manifestation, chaque évolution de la pandémie, sur mes proches bien sûr, mais également sur mes concitoyens et l'humanité tout entière. Je lisais beaucoup, m'informais beaucoup, m'exprimais beaucoup *via* les nouvelles technologies. Pendant cette période, j'étais constamment ouvert sur le monde, ou plutôt le monde pénétrait en moi. C'était le comble du déconfinement psychologique. Et, bien entendu, ce fut une époque non pas de repos forcé, mais au contraire de travail, l'occasion d'une activité permanente, qui a eu pour conclusion la publication, au début de l'été, de *Changeons de voie, les leçons du coronavirus*[1], que j'ai rédigé avec mon épouse Sabah Abouessalam. Car de ce moment inédit, de cette crise sans équivalent, je percevais qu'il y avait des

1. Edgar Morin, *Changeons de voie, les leçons du coronavirus*, en collaboration avec Sabah Abouessalam, Paris, Denoël, 2020.

leçons profondes à tirer et l'opportunité de penser pour un autre avenir. Ce travail m'a harassé, et finalement la fatigue est survenue plus tard.

Denis Lafay. — « Le monde a pénétré » en Edgar. Mais vous, Pierre, des hauts plateaux d'Ardèche où vous vous préservez en permanence des soubresauts de l'époque, vous avez dû traverser l'épreuve différemment. Comme si elle n'était que le symptôme supplémentaire d'un diagnostic imparable que vous établissez invariablement depuis plusieurs décennies.

Pierre Rabhi. — « Mes pauvres amis, vous n'êtes pas grand-chose. » Voilà comment je peux résumer la manière dont j'ai vécu et dont j'interprète encore cette période. Ce coronavirus est bien sûr dangereux, mais nous pouvons l'esquiver et il n'est pas d'une létalité comparable, par exemple, à celle d'Ebola. Imaginons un virus *vraiment* très mortel, qui contamine tout le monde quels que soient l'âge, les fragilités, le lieu de résidence, les protections dont on s'entoure… Cette épreuve du Covid-19, nous devons la considérer comme une extraordinaire démonstration de notre vulnérabilité, et comme l'occasion d'en tirer des leçons.

Parce que l'homme est, par nature, pleutre, il cherche à se rassurer. Pourtant, la réalité est évidente : cette épreuve pandémique, c'est nous qui l'avons provoquée. Elle nous remet à notre place : celle de la responsabilité, et même de la culpabilité. Pendant des millénaires, nous nous sommes déplacés avec nos jambes, les plus nantis étaient juchés sur un cheval. L'arrivée des moteurs à vapeur, à explosion, à thermodynamie, nous a précipités dans une ère que je dénomme « pétrolithique ». Depuis, nous cultivons une sorte de vanité extraordinaire, par la faute de laquelle nous nous autorisons à modifier radicalement notre conception du temps et de l'espace. Ainsi, nous rallions en quelques heures Paris à New York et pestons d'arriver avec un quart d'heure de retard… Nous avons perdu l'idée selon laquelle notre mobilité est désormais anormale. Cette dérive s'est construite sur un Homme qui s'est divinisé : convaincu de sa toute-puissance, il croit qu'il a la maîtrise de tout. Il croit ou, il faut l'espérer, il *croyait*. Le virus SARS-CoV-2 vient lui dire : « Tu n'es pas grand-chose. » Puissions-nous considérer cette épreuve comme une initiation, vers une « méditation active ».

Denis Lafay. — Edgar, jusqu'à cet été, vous vous êtes régulièrement exprimé sur les enseignements, les questionnements, que suscite cet indicible moment de l'histoire contemporaine. Avec pour invitation universelle, de « changer de voie ». Pierre, de votre côté, ce moment extra-ordinaire a été l'opportunité de poursuivre, de cimenter plus encore, peut-être aussi de réévaluer votre propre *voie*, cette *voie* que vous tracez dans la discipline d'une « sobriété heureuse ». Votre « voie » éveille-t-elle un moment d'inflexion, et même de transformation civilisationnelle ?

Pierre Rabhi. — Cela fait longtemps que l'humanité travaille à son éradication, en transgressant les lois de la vie. Elle anéantit les sols à coups d'engrais et de pesticides, répand partout des poisons, se goberge des mécaniques de la destruction. La nature est meurtrie, des millions d'espèces de poissons ou d'insectes sont éradiquées, des éléphants sont mutilés pour leurs défenses, l'extinction des baleines est irrémédiable, le climat va devenir insupportable. Le monde entier est focalisé sur ce coronavirus meurtrier, mais l'être humain détruit bien plus d'êtres humains ! La Première Guerre mondiale et ses dix-neuf millions de victimes militaires et civiles a tué près de vingt fois plus – au jour où nous dialoguons. Chaque jour, il meurt dans le monde vingt-cinq mille personnes (selon les Nations unies) victimes de la famine, presque l'équivalent du nombre de décès en France dus au coronavirus depuis le début de la pandémie. Tous, on dirait presque des damnés… « L'enfer est ailleurs », dit-on communément. Mais pour une majorité des huit milliards de Terriens, l'enfer est « ici, sur terre ». Cessons de distraire les âmes et les consciences, et de les détourner d'une réalité qui fait mal et les confronte à leurs agissements. Les consciences éclairées ne peuvent pas se contenter de contempler et d'intellectualiser, elles doivent entrer en action, concrètement. Voilà pourquoi l'écologie constitue la problématique contemporaine la plus cardinale, et qui mérite le plus notre attention.

Denis Lafay. — Ce qui irrigue « votre » voie, Edgar, prend appui sur un examen implacable de la modernité. Une modernité en crise(s). « Je suis l'enfant de toutes les crises que mes quatre-vingt-dix-neuf ans ont vécues », estimez-vous. Cette crise de civilisation est-elle en premier lieu celle de la « modernité », une « dictature » de la modernité qui a détourné l'Humanité de l'essentiel : *son humanité ?*

Edgar Morin. — La modernité a jailli au XVIe siècle dans le monde occidental, sous la conjonction de plusieurs phénomènes : désintégration d'un monde unifié par la théologie, expansion de la science, de la philosophie, du commerce, des voyages et formation des nations, colonisation et esclavage. La modernité concentre à la fois le meilleur et le pire, puisque cet essor merveilleux inclut l'esclavage et les guerres de Religion. Elle est donc un processus historique heurté, mais qui crée un nouveau type de civilisation ; fondé sur le développement technoscientifique, il induit que la science, la technique, l'économie, la démocratie, vont apporter un bien-être matériel qui lui-même va conduire à un « meilleur-être » moral et psychologique. Et cette vertueuse spirale toujours au profit du progrès humain.

Or ce processus historique a pris un aspect destructeur considérable. Il y a bien sûr, comme illustration spectaculaire, les Première et Seconde Guerres mondiales, mais je retiens aussi l'arme atomique. Au moins deux cent mille morts à Hiroshima et à Nagasaki, et la possibilité aujourd'hui de détruire l'humanité.

Denis Lafay. — Preuve et symbole que la science et la technique ne sont pas maîtrisées par la conscience humaine…

Edgar Morin. — Souvent, la technique asservit les individus au lieu de les libérer – alors que cet affranchissement est censé être sa finalité. Le profit, qui était l'un des moteurs de la modernité, est devenu hégémonique, et sous la couverture du néolibéralisme il parvient à dominer et à contrôler à peu près tout – la lente désagrégation des services publics, détruisant l'État providence et fortifiant l'État gendarme, l'atteste. On prend conscience que le confort matériel ne produit aucun « meilleur-être moral », aucune amélioration psychologique – la jeunesse occidentale et surtout américaine des années 1960 l'avait bien saisi, elle qui revendiquait un besoin de communauté et de fraternité en réaction au soi-disant bien-être matériel, qu'elle savait vain.

Denis Lafay. — Quel étrange sentiment de saisir que nous sommes asservis, ligotés à une modernité que l'on croyait ange pour toujours et qui distille ses attributs démoniaques…

Edgar Morin. — La modernité a entraîné le développement des « bons » côtés de l'individualisme, mais aussi celui de ses pires manifestations – au premier rang desquelles l'égoïsme. Elle a compartimenté les individus, cloisonné la société et provoqué la destruction de toutes les solidarités antérieures : celle de la famille, celle du village, celle du travail. Cette modernité est paradoxale. Après avoir diffusé la menace nucléaire sur la planète, elle insuffle désormais la conscience de ladite menace sur ladite planète.

C'est ainsi que la conscience écologique croît au fur et à mesure que progressent les périls pour l'ensemble du monde vivant, les changements climatiques, l'épuisement des ressources naturelles. Un paradoxe parmi bien d'autres : plus nous nous croyons maîtres de la nature, plus nous en dépendons. Le philosophe allemand Georg Wilhelm Friedrich

Hegel [1770-1831] avait d'ailleurs traité ce mécanisme de la dépendance dans ses travaux sur la relation maître/esclave : il révélait que la dépendance du maître à l'esclave s'accroissait en proportion de la masse de travail effectuée par l'esclave pour le compte du maître. Donc, nous dépendons de la nature, et comme Pierre l'exprime, cette pandémie expose à la face de l'homme triomphant sûr de sa force, de ses connaissances et de sa science, toute sa vulnérabilité et sa petitesse. Car c'est bien ce qu'il est en réalité. Pendant combien de temps va-t-il continuer de croire que réussir à envoyer un robot sur Mars le protège du chagrin, de la maladie, de la mort que sécrète un virus d'une centaine de nanomètres de diamètre ? Le progrès technique matériel s'accompagne d'une régression intellectuelle et morale ; la pandémie de Covid-19 est une démonstration supplémentaire de cette crise de la modernité qui a débuté au XXe siècle. Supplémentaire, mais aussi spectaculaire, et qui devrait, qui *doit* déclencher une bascule : celle vers une autre civilisation, vers un tournant anthropologique et historique capital. Cette bascule est encore très difficile à mettre en œuvre.

Pierre Rabhi. — Ce que décrit merveilleusement Edgar ne concerne qu'une partie de l'humanité. Les quatre cinquièmes n'ont pas accès au minimum pour exister, vivent dans l'indigence. Selon le Programme alimentaire mondial, toutes les onze secondes un enfant de moins de cinq ans meurt de faim… Certes, l'Europe a apporté un certain génie, un certain mode de vie, une certaine inventivité. Mais qu'aurait-elle produit de si merveilleux sans la contribution des vagues migratoires qui se sont succédé au fil des siècles et l'ont colonisée ? Des vagues migratoires originaires de pays aujourd'hui plongés dans la pauvreté, parfois extrême. Sans cette contribution, qui lui a permis aussi d'accéder à des ressources, comme le pétrole, dont elle était dépourvue, l'Europe serait sans doute le moins riche des continents.

Denis Lafay. — Edgar évoque Hegel et le rappelle : en Europe comme aux États-Unis, la modernité a prospéré « aussi » dans l'indicible, et notamment l'esclavage. Aujourd'hui, et il n'est peut-être pas imperméable à la crise pandémique qui exhume des malaises profonds, un vaste mouvement contestant les ferments esclavagistes de cette modernité se répand. L'occasion d'une catharsis bienvenue, partiale ou inappropriée ? L'histoire de l'esclavage n'est pas binaire, et déconstruire l'histoire n'autorise pas à laver ou à maquiller la mémoire.

Pierre Rabhi. — Bien sûr, l'essentiel des agissements furent perpétrés par les Blancs contre les minorités. Toute l'histoire des colonisations le démontre. Et il reste des « trous dans la raquette » ! À ce titre, quand donc le peuple indien obtiendra-t-il enfin de l'État américain la reconnaissance du génocide dont il fut victime ? Mais il est exact que l'esclavage des Noirs venus d'Afrique a mis en cause aussi des Noirs. Parfois les combats entre tribus furent terribles, et les plus robustes des vaincus furent vendus comme du bétail. Ce que cela signifie ? Que l'homme est égal à lui-même partout. Et, ainsi, que l'asservissement de l'être humain par l'être humain s'est propagé jusque chez ceux-là mêmes censés s'en détourner. Aucun peuple n'est plus vertueux qu'un autre. Et finalement, à quatre-vingt-deux ans, je me demande encore : qu'est-ce que l'humain ?

Denis Lafay. — Une notion capitale est convoquée dans le sillage de cette crise de la modernité : celle de progrès. Centrale pour cerner ce qui a fertilisé la modernité puis ce qui l'a empoisonnée. Depuis les Lumières, la plupart des progrès techniques nourrissaient le Progrès humain, et profitaient à tous plutôt équitablement. Le XXe siècle est celui d'une culbute. Le progrès technique prospère à une vitesse et selon des règles marchandes qui disqualifient l'examen responsable et éthique qu'il exige pourtant. Ce progrès semble se retourner contre l'intérêt de l'humanité.

Edgar Morin. — L'accroissement de notre puissance va de pair avec l'accroissement de notre débilité. La notion de progrès a subi, ces dernières décennies, une transformation inédite. Dans l'histoire de l'Occident, et comme le mathématicien et philosophe Nicolas de Condorcet [1743-1794] l'avait prophétisé, le progrès humain est apparu comme irrésistible. Il rassemble les progrès à la fois scientifique, politique, démocratique, moral, éducatif, et de tout temps il a signifié la marche en avant de l'humanité. Cette notion, que les instituteurs au début de la IIIe République cultivaient avec force, semblait infaillible. Jusqu'à la deuxième partie du XXe siècle, qui a marqué le début de son effondrement. Ce tournant a surgi lorsque l'humanité a pris conscience que le progrès n'assurait plus à l'avenir d'être « meilleur », et qu'il possédait même les germes de dangers nouveaux. L'arme nucléaire est le symbole de ce basculement. Depuis, nous vivons presque au quotidien le sentiment que les innovations se propagent à une vitesse folle, qui dépasse notre capacité à les « gérer », à en contrôler les effets. Le sujet de la crise climatique, environnementale, et, donc, l'enjeu écologique en sont un autre symptôme. Le progrès était la « loi de l'histoire » ; c'est fini.

Denis Lafay. — Tout progrès semble « pour toujours » indiscutable et définitif. Et échappe au débat public, pourtant déterminant pour le contester, l'amender, le délimiter, l'invalider ou au contraire l'enrichir et l'homologuer. « On » s'approprie d'autant mieux un progrès qu'on a participé à sa ratification. Tout progrès ne devrait-il pas être réversible ?

Edgar Morin. — Ce « retournement » de la loi de l'histoire est la démonstration que le progrès n'est pas irréversible. Et cela, qu'il soit d'ordre moral, politique, démocratique, civilisationnel. Toute conquête que l'on croit définitive peut être ruinée. Cela signifie que ce qui ne se régénère pas dégénère. S'abstenir de régénérer la morale, la pensée, la démocratie, le débat, les libertés, etc., expose la société et la civilisation à la dégénérescence de ces items. Être en régénération permanente, n'est-ce pas le « propre de la vie » ?

Aujourd'hui, la nouvelle illusion, notamment celle du transhumanisme et du cénacle économico-technocratique, est de croire que seules des techniques comme l'intelligence artificielle vont constituer le progrès, voire promettre la victoire sur la mort. Le progrès est détourné de son substrat, il est circonscrit à la technique et à la science, il est devenu une « fausse bonne idée ». Et parfois même une menace, car cette tendance coïncide avec un mouvement de régressions intellectuelles et morales considérables. Dans l'esprit de Condorcet, « les » progrès matériel, technique, moral, politique, intellectuel, artistique, formaient un « tout » qui pavait le progrès humain. En réalité, il n'en est rien. Et le progrès technique, ainsi désolidarisé du progrès humain, autorise de nouvelles barbaries.

Denis Lafay. — Pourquoi n'investigue-t-on jamais ce qu'un progrès fait perdre ? La faute au scientisme qui av
mythe prométhéen qui muselle ?

Edgar Morin. — Effectivement, jamais ou presque ce contre-effet du progrès n'est abordé. Avec l'avion, qui en quelques heures nous débarque à Buenos Aires ou à Tokyo, n'a-t-on pas perdu des jouissances pédestres ou vélocipédiques ? Nous avons tendance à considérer toute acquisition, toute conquête, tout progrès, donc, comme un gain. Seulement comme un gain. Et jamais comme l'amenuisement ou la disparition d'autres bénéfices. La régression des solidarités traditionnelles en partie provoquée par les innovations technologiques n'est-elle pas une perte incommensurable ? Les « peuples premiers » ont développé d'immenses qualités de communauté, autant de trésors que nous avons dilapidés. Nous sommes toujours exposés à perdre « quelque chose » dans ce que nous gagnons. Il ne faut pas l'oublier.

Denis Lafay. — Cette crise de la modernité et cette crise du progrès peuvent-elles, à la faveur des bouleversements économiques, sociaux, sociétaux, politiques, mais plus encore philosophiques provoqués par la crise pandémique, présager une bifurcation bienfaitrice ? La sociologue et philosophe Dominique Méda en espère une « rupture » systémique, le sociologue Jean Viard, même une « chance[1] ». Pierre, dans notre dialogue *Je voudrais tant me tromper*[2], vous affirmiez que « les ferments du changement sont là. La machine infernale est en train de s'effondrer sous nos yeux. Elle est déjà à l'agonie, il est l'heure de préparer la suite. » Peut-être, sans le savoir encore, vivons-nous des auspices davantage éclairés que ténébreux, conjurant la prédiction suicidaire du mouvement collapsologique. De toutes les crises que tous deux avez subies, celle, holistique et planétaire du Covid-19, possède des germes stimulants, propices à faire jaillir l'improbable.

1. Denis Lafay (dir.), *Maintenant, on fait quoi ?*, La Tour d'Aigues, l'Aube, 2020.
2. Pierre Rabhi, *Je voudrais tant me tromper*, dialogue avec Denis Lafay, La Tour d'Aigues, l'Aube, 2019.

Edgar Morin. — La perspective qu'annoncent les tenants de la collapsologie, comme Pablo Servigne, est celle d'un grand effondrement général de toutes les civilisations. À moins que n'éclate une guerre nucléaire mêlant Russie, États-Unis, Chine, Inde, Pakistan, Israël, France, une telle hypothèse est, selon moi, peu probable. En revanche, nous nous enfonçons dans une époque de régression qui a débuté il y a une vingtaine d'années et qu'incarnent, partout dans le monde, la crise des démocraties, le déferlement de la puissance de l'argent, l'accroissement des inégalités, la compression des libertés, la montée en puissance des colères populaires, et partout leur répression. La pandémie, pensait-on, allait motiver une prise de conscience en faveur d'un changement de voie, d'une bifurcation ; aujourd'hui, l'impression est plutôt que ces formes de régressions pourraient se poursuivre, et même s'accompagner d'une intensification et d'une internationalisation des conflits. Qu'a-t-on constaté depuis l'irruption de la pandémie ? La Turquie tente d'étendre son hégémonie sur la Méditerranée, l'Arménie et l'Azerbaïdjan sont entrés en guerre, les relations entre la Chine et les États-Unis, ou entre l'Europe et la Russie, se sont détériorées plus encore. La campagne électorale américaine aura été la plus effroyable, la plus haineuse de toute l'histoire, le président sortant Donald Trump annonçant même qu'il refuserait le verdict s'il était défait. Du Liban en pleine implosion politique à l'adversité incandescente entre nations arabo-sunnites et chiites en passant par l'Israël du belliqueux Netanyahou, les spasmes au Moyen et au Proche-Orient sont éclatants.

Denis Lafay. — De grandes catastrophes sont possibles, et même probables ; pour autant, peut-on prophétiser un effondrement massif ?

Edgar Morin. — L'époque de régression barbare que nous traversons n'est pas unique dans l'histoire. À la chute de l'Empire romain, qui provoqua la désintégration de toutes les grandes activités économiques, succéda un phénomène de repli, fondé sur un servage qui « figea » la population paysanne. L'économie continentale se ferma pendant plusieurs siècles, avant que l'ouverture sur la Méditerranée et la découverte de l'Amérique ne la déverrouillent. Toute l'histoire de l'humanité est jonchée de tragédies barbares. Que dire de la Grèce merveilleuse du Ve siècle…

Denis Lafay. — « Vos voies » font face à un même belligérant : le néolibéralisme, sous l'écorce duquel l'homme libère sa propension à la cupidité et au consumérisme, libère son goût de conquérir, d'asservir, de posséder, libère son droit de piller les ressources naturelles et de détruire les espèces vivantes, bref, libère son plaisir anthropocentriste. Ce néolibéralisme, qui prend appui sur un capitalisme livré à lui-même, est l'un des principaux coupables des convulsions du monde. Un coupable pour toujours épargné ?

Edgar Morin. — La principale propriété du néolibéralisme – la domination sans partage du profit – constitue une aliénation, qui n'est pas étrangère au déploiement d'autres formes de barbaries – xénophobie, anti-islam, antisémitisme. Mais je pointe un mal plus interne que le profit : le calcul. Le calcul forme dorénavant la règle de la connaissance, de l'évaluation, des comparaisons – croissance, PIB, comptes de résultat, classements à l'école, etc., la liste est sans fin –, or il est incapable de mesurer l'essentiel : les sentiments humains, l'amour, l'amitié, la passion, en d'autres termes : « l'inquantifiable qualité de la vie ». Nous vivons une barbarie interne à ce que nous croyons être de plus civilisé, notamment la science économique ; le néolibéralisme confine la politique à l'économique, un économique réduit à la libre concurrence et au principe dérégulateur, et à qui est confié le soin de solutionner les problèmes sociaux ! Outre l'argent effréné, une coalition de forces négatives a déferlé sur le monde, auxquelles tentent de riposter des bouillonnements de solidarité, de conscience…

Denis Lafay. — Des « bouillonnements » dispersés, des îlots de résistance, un archipel désuni mais toutefois bien réel de parades. Les fameuses « Oasis » qui vous sont chères, Pierre…

Pierre Rabhi. — Je vais partager deux anecdotes qui illustrent l'ampleur des obstacles auxquels ces Oasis essayent de répondre. Il y a d'abord l'histoire rapportée par Mikhaïl Gorbatchev. Une planète de l'espace rencontre sa voisine Terre et lui dit : « Ma pauvre, tu as mauvaise mine ! Tu sens mauvais, tu es dépenaillée… » « Ne m'en parle pas, lui répond la Terre, j'ai attrapé l'humanité. » Et l'autre de répliquer : « Moi aussi je l'ai attrapée, mais je m'en suis guérie et maintenant tout va bien. » L'avidité, par la faute de laquelle nous ne savons plus regarder la splendeur de la Terre et la réduisons à un gisement de ressources à exploiter et à épuiser, m'inspire aussi la parabole du pêcheur. Celui-ci a fini son travail, a amarré sa barque, et fait sécher ses filets. Passe alors un monsieur sérieux, qui l'interpelle : « Cette barque est-elle la vôtre» ? « Oui. » « Elle est petite, vous pourriez en posséder une plus grande. » « Et après ? » « Eh bien, forcément, vous pourrez pêcher plus de poissons. » « Et après ? » « Vous pêcherez tellement de poissons que vous pourrez acheter un véritable bateau. » « Et après ? » « Vous pourrez embaucher des gens et développer votre flotte. » « Et après ? » « Eh bien, après, vous vous reposerez. » « Mais, monsieur, c'est ce que je suis en train de faire ! »

Denis Lafay. — Des maux qui décivilisent, cette avidité est l'un des principaux. Parce que la concupiscence, la rapacité, la cécité qui en découlent légitiment et même légalisent l'inacceptable.

Pierre Rabhi. — L'avidité constitue en effet un mal terrible. Elle nourrit et renforce la difficulté de l'être humain à se savoir périssable. Et lorsqu'il en a « trop » conscience, il *fait* dans l'absurdité, la démesure, l'égoïsme. Même les plus riches milliardaires de la planète ne négocient pas avec la mort, et la mort ne leur accorde aucun privilège. Alors pourquoi accumulent-ils sans fin ? Imaginent-ils emporter dans leur tombe cette profusion de richesses matérielles ? Et cela quand, dans le même temps, la misère est partout, à un « saut » d'avion privé de leurs somptueuses propriétés ? La misère ne devrait absolument pas exister, puisque la planète dispose d'assez de ressources pour satisfaire le nécessaire de chaque existence. Tout cela n'a aucun sens. Nous avons créé une civilisation où, dès l'enfance, la peur domine : « Ma fille, mon fils, il ne faut surtout pas que tu échoues, tu dois être le premier, il faut être au-dessus des autres. » La splendeur de tout enfant, nos méthodes d'éducation et d'enseignement la détériorent de manière irréversible. L'angoisse, on espère la juguler avec les anxiolytiques, consommés en grande quantité, mais ils ne peuvent rien dissiper puisque la racine de cette angoisse n'est pas dans les faits, mais au cœur de l'âme humaine.

Denis Lafay. — Notre rapport à l'alimentation et, donc, « les » conceptions, antithétiques, de l'exploitation de la terre et des animaux composent une grille de lecture assez explicite de nos tourments. Ils sont aussi le symbole de la considération que nous portons à la nature.

Pierre Rabhi. — Nous produisons une nourriture et élevons des animaux selon des méthodes irresponsables et toxiques qui développent des pathologies mortifères chez les consommateurs. La prolifération d'engrais chimiques, de pesticides, d'antibiotiques, au nom d'exigences de rentabilité et d'intensification de la production, détruit le sol, détruit le bien-être animal, détruit la santé publique. Et détruit la substantifique moelle du végétal : l'élément artificiel traverse sa paroi, pénètre dans la sève, procède à un véritable génocide des bactéries pourtant essentielles et, au final, se substitue à sa dynamique propre ; il ne fait plus d'effort. Nous empoisonnons la terre et la Terre. Pourquoi l'agroécologie est-elle née ?

Pour tenter une riposte à cette dévastation, mais surtout parce qu'elle s'impose de manière naturelle. La graine plantée dans le sol « choisit son menu », elle a l'intelligence de se développer par elle-même, sans aucune aide humaine, dès lors que le sol est bien préparé. Et de cette minuscule graine vont jaillir des kilos de légumes. Et puis, autre miracle, les plantes entretiennent entre elles des relations tour à tour sympathiques et antipathiques. Elles sont comme les humains, certaines s'entendent à merveille, d'autres s'évitent parce qu'elles s'inhibent. Pourquoi une graminée aime-t-elle la proximité d'une légumineuse ? Parce qu'elle reçoit d'elle de l'azote, en retour du carbone qu'elle lui dispense. Les végétaux sont perpétuellement en stimulation, ils émettent des sucs qui vont solubiliser oligo-éléments et sels minéraux, et leur assurer une physiologie équilibrée. Rien que de cela, de cette extraordinaire énergie de la vie, déjà nous devrions nous émerveiller. A-t-on conscience que chaque gramme d'engrais déstabilise cette magie, atrophie ce don de la nature ? Aujourd'hui, lorsque nous nous mettons à table, souhaitons-nous « bonne chance » plutôt que « bon appétit ».

Denis Lafay. — Là encore, l'humanité paye sa considération utilitariste, mercantile et vaniteuse de la terre. Sa gloutonnerie…

Pierre Rabhi. — Nous ne savons plus regarder la Terre Mère. Nos ancêtres avaient sanctuarisé cette terre réellement *mère* et *sacrée*. C'est fini : aujourd'hui, cette terre n'est plus qu'un *sol*, elle est réduite à une opportunité d'argent pour ceux qui l'exploitent. Autre souffrance, en lien avec cette relation cupide à la terre : le monde moderne s'est employé à « motiver » la population à consommer beaucoup plus de protéines animales – viande, lait, poissons, etc. – que de protéines végétales. En conséquence, et pour produire les protéagineux nécessaires à l'alimentation de ces animaux, des étendues de terre considérables sont massacrées. La perversité du système forme une boucle, une folie dont on ne parvient pas à se défaire.

Le problème de l'être humain, c'est qu'il s'est autoproclamé le *meilleur*, le *patron* de l'humanité et de la planète. Or, faut-il rappeler d'une part qu'il n'est qu'une des centaines de millions d'espèces, et d'autre part que la durée de son existence, rapportée à celle de la Terre, ne dépasse pas les deux minutes ? La vie a préexisté avant l'humain, sous des formes absolument incroyables, et voilà qu'il s'érige en roi de droit divin. Inouï. Insupportable. Et suicidaire.

Denis Lafay. — Vous faites référence, Edgar, à la barbarie. Aux réminiscences ou aux formes inédites de la barbarie. Vous avez combattu la plus funeste des barbaries du XXe siècle, celle modélisée par le régime nazi. Mesurer les barbaries les unes aux autres et, pire, les hiérarchiser n'a aucun sens. Toutefois, peut-on les mettre en perspective avec les manifestations de la barbarie contemporaine ? Qu'ont-elles d'universel ? Et cette dernière, au contraire, qu'a-t-elle de singulier ?

Edgar Morin. — Notre époque de régression est née du retour et de l'union des vieilles barbaries qui ont couvert l'histoire de l'humanité : l'exercice de la puissance, du mépris, de la destruction. Les barbaries existent depuis que les civilisations existent. La barbarie propre à notre civilisation, qui a un fond d'inhumanité et est donc fondée sur le calcul, le primat de l'argent, la compartimentation, s'agglomère à celles qui l'ont précédée. Cette articulation « des » barbaries, l'histoire de l'Allemagne nazie en est une illustration frappante. La barbarie de la haine, qui a conduit à la création des camps d'extermination, était en lien avec la barbarie industrielle, qui consistait à récupérer les ossements, les dents, les cheveux et les vêtements des morts pour en faire des produits. Elle était en lien aussi avec des barbaries toujours prégnantes aujourd'hui : par exemple celle de l'hyperspécialisation, et celle d'une pensée réductrice et unilatérale. Quand les barbaries dispersées se mettent à converger, le danger grandit. C'est contre ce spectre que nous devons lutter, et le challenge est immense.

Denis Lafay. — N'est-il pas déjà perdu ?

Edgar Morin. — Non. Je ne suis pas désespéré…

Denis Lafay. — … et d'ailleurs votre foi immarcescible questionne l'action de résistance. Jusqu'à notre rencontre de ce jour, et depuis vos premiers engagements politiques et armés – au sein de Solidarité internationale antifasciste dès 1936, en réaction à la guerre d'Espagne, puis, bien sûr, à partir de 1942, au sein de la Résistance communiste –, et même dès votre naissance, miraculeuse – au sortir du ventre de votre mère, qu'une lésion au cœur interdisait d'enfanter, vous étiez étranglé et quasiment asphyxié par le cordon ombilical –, toute votre existence, chacune de vos luttes, *est* résistance, synonyme d'« élan vital ». La résistance à laquelle vous – et nous – convoque l'événement pandémique a-t-elle des substrats communs avec toutes celles que vous avez exercées préalablement, y compris dans le maquis ?

Edgar Morin. — L'enseignement commun à mes combats, à mes engagements, et plus largement à ce que m'inspire l'observation du monde, c'est que *l'impossible peut toujours devenir possible.* Pendant la Seconde Guerre mondiale, j'ai vu en effet l'improbable se réaliser. Au début du mois de décembre 1941, l'Allemagne nazie avait envahi presque toute la Russie d'Europe et s'approchait de Moscou. Personne n'imaginait alors la survie de l'empire communiste. Mais brusquement ralentie par des pluies diluviennes et un hiver précoce, l'armée doit alors stationner aux portes de la ville. Joseph Staline, avisé que le Japon n'attaquera pas la Sibérie, somme le général Joukov de déplacer secrètement les troupes mobilisées en Extrême-Orient vers le front moscovite. Une contre-offensive est lancée, qui sonne la première défaite nazie. Le 7 décembre, le Japon attaque Pearl Harbor, et l'Amérique bascule alors dans la guerre. En trois jours donc, ce qui semblait pour toujours acté – la domination pendant des dizaines d'années du nazisme sur l'Europe – s'était écroulé. Pierre fait référence à Mikhaïl Gorbatchev : qui aurait imaginé, lorsqu'il fut désigné en 1985, qu'il initierait la perestroïka et provoquerait la dissolution de l'empire communiste ? Plus près de nous, lorsque Benoit XVI fit le choix de démissionner, qui aurait pensé que lui succéderait un pape aussi éclairé, progressiste et courageux que François ? Le *sûr* n'est jamais certain, l'*improbable* n'est jamais impossible. Nous devons toujours avoir confiance en cette règle. Et d'ailleurs, jusqu'au début des années 1970, la conscience de la barbarie que nous exerçons à l'égard de la nature, et de la vie, était embryonnaire, confidentielle. Qui, alors, aurait pronostiqué qu'elle occupe une place aussi élevée cinquante ans plus tard ?

Denis Lafay. — « Après le confinement, il nous faudra entrer en résistance climatique[1] », a d'ailleurs exhorté un collectif de

1. Tribune publiée dans *Le Monde* du 20 mars 2020.

personnalités (notamment Yann Arthus-Bertrand, Aurélien Barrau, Gaël Giraud, Bruno Latour). L'état de la planète doit faire de chacun un résistant. Vous-même, Pierre, quel type de résistant êtes-vous ?

Pierre Rabhi. — Je me sens être un résistant à double titre. D'une part je n'adhère absolument pas à l'ordre qui est établi aujourd'hui dans la société, d'autre part je ne me limite pas à être « seulement » indigné et j'essaye, à mon niveau, de « proposer » et de « faire ». La nature est en péril, et l'humanité est en péril ; comment ne pas être un résistant devant une telle réalité ? Pour avoir « oublié » qu'il était un simple élément de la vie, l'homme détruit la vie. Celle de toutes les espèces vivantes, et donc la sienne. Aujourd'hui, en effet, une partie semble en prendre conscience et joue son va-tout. Le nombre d'hypothèses est limité : soit, avec sagesse, nous nous réconcilions avec les lois fondamentales de la nature, soit nous poursuivons notre folie et continuons de transgresser ces lois, pour une issue inéluctable : la disparition des espèces vivantes, et parmi elles l'espèce humaine.

Denis Lafay. — Edgar, une grande partie de vos travaux a mis en lumière les trésors et les propriétés de la *complexité*. Pierre, votre parole est écoutée universellement parce qu'elle est *simplicité*. Complexité et simplicité ne s'opposent bien sûr pas. Et même, c'est lorsque ces deux items s'agrègent qu'en sort une substantifique moelle vertueuse, une hybridation utile. Comprendre cet indicible moment de l'Histoire et en interpréter toutes les possibilités nécessite de le considérer avec complexité et simplicité.

Edgar Morin. — Complexité et simplicité en effet ne s'opposent pas, bien au contraire. Le résultat d'un processus complexe peut s'avérer très simple. Prenons l'exemple du baiser. Pour qu'arrive le baiser, il faut penser au long cheminement qui a débuté avec les mammifères exprimant leur tendresse en se léchant et s'est poursuivi avec les humains lorsqu'ils sont parvenus à la station debout ; à la copulation a succédé une relation d'amour, visage contre visage. Le visage s'est trouvé alors érotisé, et à ce moment-là les bouches se sont attirées et ont donné le baiser. Le baiser est une « chose » très simple, il signifie que l'on aime, mais, comme on le voit, il est apparu à l'issue d'un processus complexe.

La simplicité n'est pas le contraire de la complexité ; la complexité est dans le fait que les choses sont liées entre elles.

Denis Lafay. — D'ailleurs, vous êtes sensible à faire émerger un mode de connaissance et de pensée capable de répondre au double défi des complexités et des incertitudes propre à notre contemporanéité. Une *nouvelle Voie* ne sera possible que si une *nouvelle pensée* s'y amarre. Or la pensée « aujourd'hui », déplorez-vous, est disjonctive – elle fait disjoindre ce qui est inséparable – et réductrice – elle fait réduire à un seul élément un tout à la fois un et multiple –, elle sépare et cloisonne les savoirs au lieu de les relier, elle se borne à prévoir le probable alors que surgit l'inattendu.

Edgar Morin. — Ce que cherche la pensée complexe, ce n'est pas à compliquer les choses, mais à rétablir un lien naturel entre elles. La complexité n'est pas la confusion, elle est un défi que nous donne le monde. L'*Homo sapiens* est complexe parce qu'il a plusieurs polarités : la raison, l'*ubris* – ce délire de la démesure qui saisit notre civilisation et qui le réifie, le chosifie. L'homme est aussi *Homo faber*, le technicien, et l'homme des mythes, des croyances, des religions. On ne peut pas « fixer » l'homme ; il est pluriel, multiforme, et versatile. N'est-ce pas la même assemblée de parlementaires qui forma la coalition du Front populaire en 1936 et vota les pleins pouvoirs au régime de Vichy ? Une même personne a pu être communiste puis nazie – ou vice-versa ! –, stalinienne puis libérale. L'homme ne devient pas intrinsèquement mauvais ; il se transforme en fonction des conditions auxquelles il est soumis. Et, parfois, ces conditions, vertueuses, l'ennoblissent.

Denis Lafay. — Or, malheureusement, notre époque est à la simplification et à la compartimentation de « tout ». L'emploi du préfixe trans – disciplinaire, partisan, etc. – n'est pas encouragé.

Parlons d'amour, maintenant. « Je sais que dans l'aventure du cosmos, l'humanité est sujet et objet de la relation inextricable entre ce qui unit (Éros), oppose (Polémos) et détruit (Thanatos). Il faut bien sûr prendre le parti d'Éros, ce qui demande de l'intelligence, encore de l'intelligence, et de l'amour, encore de l'amour », soutenez-vous, Edgar. *Intelligence* et *amour* constituent le socle de votre propre pensée, Pierre. *Quelle* intelligence et *quel* amour faut-il prospecter au fond de soi pour permettre cette rupture civilisationnelle ? Et par quels moyens peut-on ensuite les rendre symphoniques ? En définitive, sait-on seulement *ce qu'il faut* et *comment* aimer ?

Pierre Rabhi. — Je ressens l'amour comme omniprésent, et c'est dans son sillon qu'on accède à l'intelligence divine. Je ne veux pas nommer Dieu ; il est l'objet, depuis la nuit des temps, de tant de conflits et de massacres… À chacun, s'il le souhaite, de s'en faire une image personnelle. Ce que je peux rapporter en revanche, c'est que, quelquefois, je suis dans un rapport singulier à mon propre corps, et je me dis alors : « Que c'est intelligent ! » Ce n'est pas moi qui suis intelligent, je peux même être stupide lorsque j'ingère dans mon corps des « choses » ineptes ; non, chaque composante vivante de mon corps possède son intelligence, autonome. L'intelligence de la vie est, comme l'amour dont elle est indissociable, absolument omniprésente. Et c'est cette intelligence de la vie qui peut nous aider à regarder la mort avec… intelligence.

De se savoir périssable peut amener l'homme à se comporter de la pire des façons. La mort cristallise les interprétations et les comportements les plus irrationnels, les plus violents. Jusqu'à s'entretuer.

La certitude, irrévocable, que nous sommes mortels, la conscience que nous sommes de simples passagers éphémères devrait au contraire nous rassembler et nous conduire à agir avec respect, empathie, fraternité. Elle devrait même inspirer. Il n'en est rien. Parce que sa disparition l'effraye, parce qu'il lorgne un « après » rayonnant, parce qu'il voudrait échapper au verdict, l'homme est prêt à tout pour espérer conjurer ou amadouer la mort. Et quand il se goinfre et pille, c'est peut-être une manière de se venger d'elle. C'est sans doute en réaction à cette dérive que je suis devenu un admirateur de Socrate : « Tout ce que je sais, c'est que je ne sais rien » est ma ligne de conduite. Rien d'étonnant alors à ce que je sois inspiré par les préceptes du penseur indien Krishnamurti [1895-1986]. Car ils invitent à saisir que l'on est soi-même son maître et son esclave, que l'on est totalement la cause et la solution des problèmes, que l'on connaît « autour » proportionnellement à ce que l'on connaît « en soi, de soi ». Une invitation à l'autonomie, à la désaliénation et à la responsabilisation.

Denis Lafay. — Edgar, s'il existe un mystère d'une indéchiffrable complexité – il faut s'en féliciter –, c'est bien celui de l'amour.

Edgar Morin. — Oh oui ! L'amour est de ces « grands » mots qui ont été dénaturés, trahis, usés. Il faut décrasser cette valeur bien trop salie. Songeons qu'au nom d'une religion d'amour, on a pratiqué l'Inquisition et perpétré des massacres. On ne peut parler d'amour que si l'on éprouve vraiment un sentiment de fraternité humaine, un sentiment d'amour à l'égard de la vie et de la nature. Il faut aussi faire preuve de vigilance. Au cours de mon existence, j'ai été confronté en effet à de très braves gens qui pensaient œuvrer en faveur de la fraternité et de l'émancipation du genre humain sans se rendre compte qu'ils travaillaient à l'esclavage de ce dernier. Ce fut le cas des communistes. Les bons sentiments ne suffisent pas, ils doivent s'accompagner de lucidité – exercice très difficile. Connaître une réalité dans sa complétude n'est pas satisfaisant – nombre de sympathisants de l'Union soviétique ne savaient rien de la réalité et se fondaient sur la propagande officielle –, il faut de la connaissance, puis il faut l'interpréter, ne pas s'enfermer dans le confort d'une vision unilatérale et binaire.

Cette exigence de complexité et l'influence des circonstances concernent aussi l'expression de l'amour et de l'intelligence. Par exemple, chacun possède un besoin et une potentialité extraordinaires d'amour, ensemencés dans l'enfance. Recevoir et donner de l'amour fait « partie » de nous. Mais cette volonté et cette faculté sont obscurcies par les obstacles du quotidien, la routine, l'égoïsme, etc. Il faut donc s'employer sans cesse à réveiller cette disposition à aimer, à la stimuler, et dans ce but, les paroles que l'on écrit ou que l'on prononce sont des vecteurs majeurs pour redonner jeunesse et vitalité à ce mouvement d'amour.

Denis Lafay. — Amour, intelligence et résistance partagent un tronc commun : la poésie. « Les résistances poétiques doivent maintenant se disséminer, se déterritorialiser, se chaotiser, se diffracter et s'infecter mutuellement », appelle l'astrophysicien et philosophe Aurélien Barrau. La poésie devrait occuper une place prépondérante dans notre *être* et notre *faire*, elle pourrait être un compagnon précieux sur le chemin qui mène à la réhumanisation de l'humanité, à la définition d'une civilisation éclairée. L'avenir sera poétique ou ne sera pas, la poésie est la clé de voûte pour réenchanter l'avenir. Mais qu'il est difficile de la faire entendre…

Pierre Rabhi. — J'aurais tant aimé que l'être humain répande partout la beauté et l'admiration, donne de l'esthétique aux miracles que représente la vie. Nous y parvenons parfois, de façon fragmentaire, mais rarement dans la durée et la continuité. Aux enfants, plutôt que leur enseigner ce qui est pratique et utile, ne pourrait-on pas leur apprendre à admirer ? Si nous savons admirer, n'ajoutons-nous pas en nous-mêmes quelque chose qui relève de l'*extraordinaire* ? Du sublime ? Cette poésie

trop souvent étrangère.

Un jour, je coupais du bois en compagnie d'un ami. Nous avions durement travaillé, lorsque le crépuscule commença de poindre. Les couleurs et le silence produisaient un spectacle merveilleux, éthéré, la sérénité nous couvrait. Face à nous, un chêne magnifique se découpait dans la perspective ; il était effeuillé puisque nous étions en hiver, et il formait une dentelle grandiose au premier plan de cet horizon apaisé. Je me dis : « Quelle belle récompense », et partageai – avec délicatesse pour ne pas perturber la scène – ce sentiment avec mon ami. Lequel répliqua aussitôt : « On pourrait en faire au moins dix stères ! »... Nous perdons notre capacité à contempler et à admirer, et ce dépérissement nous détourne de nos responsabilités, de nos devoirs à l'égard de la nature.

Edgar Morin. — Lorsque nous nous mettons en « état » d'amour, de fraternité, de communion, d'admiration, d'esthétique, nous nous libérons de l'« état » prosaïque des choses qu'on regarde ou accomplit sans intérêt, avec ennui, nous

nous laissons alors transporter, transfigurer, nous pouvons nous sentir pleinement « humains » et réaliser ce à quoi nous aspirons fondamentalement. Voilà ce que je dénomme l'« état poétique ». Il ne consiste pas seulement dans le plaisir de lire des poésies, il est, comme le prévoyaient les surréalistes, une disposition à vivre poétiquement. Et ainsi à pouvoir ressentir l'émotion de ce *beau* coucher de soleil rapporté par Pierre, celle d'écouter un *beau* morceau de musique, celle de fixer un *beau* visage féminin, celle d'être spectateur d'un *beau* match de football. Ce *beau*, lorsqu'il est éprouvé, fait lien, parfois même symbiose dans la relation humaine, il est le sel de l'existence. Le fondement de ce qui fait humanité entre les hommes.

Denis Lafay. — Le comportement tour à tour suicidaire et assassin de l'homme à l'égard de la nature n'est pas étranger au rapport qu'il entretient avec la mort. Cette mort qui à la fois nous encage dans …e, la pleutrerie et l'amaurose lorsqu'elle nous tétanise, cette mort qui excite la démesure, la folie consumériste, le délire scientiste, lorsque nous voulons la défier ou la mépriser. Êtes-vous préparé à votre propre mort ?

Pierre Rabhi. — Pour être honnête, j'en ai peur. Ma peur porte moins sur la mort elle-même que sur le mystère de ce qui peut ou non advenir après. Mais je sais aussi qu'elle est inexorable. Elle peut survenir demain, après-demain, dans dix ans. Dès lors, plus je prends de l'âge, plus je me dis : « Ne perds pas de temps, agis le plus possible et profite de la vie. » Mais attention : *profiter de la vie* ne signifie pas *faire du profit de la vie* ! Il s'agit de mettre le temps de vie au profit de cette intelligence et de cet amour. C'est là bien plus qu'une croyance : une certitude.

Denis Lafay. — Edgar, comment appréhendez-vous la mort ?

Edgar Morin. — La fraternité, l'amour et la mort composent un trident, auquel j'ai fait référence dans mon livre *Terre-patrie*[1] ; j'ai alors évoqué « l'évangile de la perdition ». Il signifie que sur cette petite planète, nous sommes nés sans savoir pourquoi, nous y mourrons sans savoir pourquoi non plus. Pourquoi le monde existe-t-il ? Nous ne savons pas. Pourquoi sommes-nous créés ? Nous ne savons pas. En réalité, nous ne savons rien de ce qui est relatif à l'origine ou à la finalité de notre existence. Nous sommes mortels et nous sommes perdus. Les religions invitent à ce que nous soyons frères *pour être sauvés* ; de mon côté, je propose que nous soyons frères *parce que nous sommes perdus*. Albert Cohen, dans son chef-d'œuvre *Belle du Seigneur*[2], s'en émeut. Qu'exprime-t-il en substance ? « Nous sommes tous voués à la mort et au même destin ; pourquoi ne fraternisons-nous pas davantage ? Pourquoi ne nous lions-nous pas par une même fraternité de destin ? » Voilà mon approche de la mort « en général ».

---

1. Edgar Morin, *Terre-patrie*, avec Anne-Brigitte Kern, Paris, Seuil, 1993.
2. Albert Cohen, *Belle du Seigneur*, Paris, Gallimard, 1968.

Denis Lafay. — Et « en particulier » ? Votre *mort*, que représente-t-elle dans votre *vie* ?

Edgar Morin. — Je continue de vivre tel que je suis : passionné par le monde, le monde actuel et l'avenir du monde. Malheureusement beaucoup de mes amis sont morts, mais auprès de ceux qui demeurent je continue de cultiver l'amitié. Mon sentiment d'amour pour mon épouse est très fort, nous sommes intensément liés. Je ne cesse pas d'écrire ni de lire, je ne cesse pas de diffuser mes messages, les forces de la vie demeurent donc en moi. Quand elles sont grandes, elles refoulent l'angoisse de ma mort. Mais parfois, à de rares occasions heureusement, l'élan est atone, je n'ai pas l'énergie de me lever, je n'ai plus l'envie de vivre. Ma mort, je sais qu'elle est plus que jamais proche, je la sens dans mon dos ; et je le regarde alors avec une sorte de fatalisme : je n'ai plus envie de vivre ? Que je meure. Aussitôt, toutefois, j'enrage à l'idée de ne pas accomplir les nombreux projets que je nourris !

À ma mort je ne me prépare pas. Je n'ai rien prévu, je ne cherche pas à décider si je serai inhumé – et où – ou incinéré. Est-ce par peur ou par tabou ?

Lorsque j'ai enterré une femme que j'aimais et qui est morte d'un cancer, j'ai voulu partager la musique qu'elle admirait. C'est là peut-être le seul vœu que je peux exprimer : à mes funérailles, je souhaiterais que retentisse le premier mouvement de la *9e Symphonie* de Beethoven, ou celui d'*Ainsi parlait Zarathoustra*, de Richard Strauss.

Denis Lafay. — De s'être employé pendant son existence à essayer – à défaut de réussir – d'aimer et de fraterniser peut à la fois fortifier et apaiser devant l'inéluctabilité de la mort. Peu de sujets questionnent autant l'éthique que la mort. Parmi eux : la vie. Edgar, vous avez consacré à l'éthique le dernier volume de *La Méthode*[1]. Un nombre presque infini d'interrogations éthiques est (r)éveillé par notre traversée de la pandémie.

1. Edgar Morin, *La Méthode*, vol. 6 : *L'Éthique*, Paris, Seuil, 2004.

Edgar Morin. — Effectivement. L'éthique, ce n'est pas la morale, elle n'a pas pour objet de dicter ce qui est bon et mal. Ma conception est que les sources de l'éthique – celles qui sont en nous, celles qui existent sous d'autres formes chez nombre d'animaux vivant en société – sont doubles et réciproques : elles ont pour nom *solidarité* et *responsabilité*. L'observation des sociétés de loups le confirme : les membres de la meute sont solidaires lorsqu'ils chassent, mais aussi lorsqu'ils se défendent. Chez les humains, grâce au langage, l'expression de l'éthique est plus large. Mais on en revient toujours à ce double principe de la *solidarité* et de la *responsabilité*, auquel on donne consistance, discernement et sens avec la conscience et l'intelligence. Cette valeur de l'éthique, nous devons l'honorer à l'égard de ceux qui nous sont proches, mais aussi de tout ce qui constitue l'humanité.

Denis Lafay. — Le prix économique et social indicible acquitté par toute la communauté afin de sauver des vies pour la plupart d'entre elles composant *une communauté* naturellement vulnérable – atteinte par l'âge ou des polypathologies – n'est pas le moindre des débats éthiques. « Un bon choix éthique peut être un mauvais choix économique », a raison de soutenir le neuropsychiatre Boris Cyrulnik. Qu'il ait été décidé de ruiner l'économie du monde en riposte à une pandémie somme toute faiblement létale et menaçant des existences « peu rentables » ou fragiles, est le signe d'une humanité responsable, aux commandes d'un choix éthique courageux et réjouissant. Il n'empêche : les répercussions sociales et humaines provoquées par les dispositifs de protection des plus fragiles et des systèmes de soins s'annoncent effroyables. La tension éthique est saillante.

Edgar Morin. — L'examen du « principe » éthique convoque les complexités éthiques. C'est le cas, par exemple, de deux exigences contradictoires qui viennent s'entrechoquer. Le sujet de l'euthanasie est emblématique ; le médecin, fidèle au principe d'Hippocrate, doit tout entreprendre pour prolonger la vie, mais son humanité et son empathie l'enjoignent de raccourcir la durée des souffrances, surtout lorsque le malade le réclame. Entre ces deux choix, il n'y a pas « une » solution. Face à une contradiction éthique, on fait un pari, en choisissant l'option qui comporte le plus d'avantages ou le moins de risques. Et cette option, s'il s'avère qu'elle nous fait faire une fausse route, on doit pouvoir l'interrompre et lui substituer une autre voie.

Denis Lafay. — « L'éthique, c'est le chemin menant à la vie bonne et aux valeurs qui la fondent », résume justement le généticien Axel Kahn. C'est, déjà, prendre aussi le « moins mauvais » trajet.

Edgar Morin. — Absolument. Nous faisons face à un nombre croissant d'injonctions contradictoires, et celles mettant en tension économie et santé ne sont pas les moins aiguës. Les arbitrages auxquels expose la gestion de la crise pandémique et que symbolise le propos de Boris Cyrulnik, l'attestent. Pour mieux les gérer, peut-être faudrait-il s'employer à introduire bien davantage d'éthique dans l'économie – l'approche éthique est omniprésente dans la santé. Davantage d'éthique dans l'économie assurerait un fonctionnement plus responsable, plus juste, plus équitable, solliciterait des gouvernances plus représentatives et efficaces, élèverait l'exigence de transparence et de qualité des produits fabriqués comme des conditions de travail, etc. Une économie davantage éthique permettrait une approche davantage éthique des situations contradictoires qui l'impliquent.

Denis Lafay. — Pierre, « introduire bien davantage d'éthique dans l'économie », y croyez-vous ?

Pierre Rabhi. — Mais c'est quoi l'économie ? Voilà le postulat sur lequel nous devrions tous nous entendre. Or il sous-entend nombre d'interprétations distinctes. C'est comme un orchestre : si l'ensemble des musiciens ne s'accordent pas sur l'interprétation de la partition, rien d'autre qu'une joyeuse cacophonie ne peut en sortir. Il est essentiel de pratiquer un même langage, de convenir d'un sens commun des mots, sinon chacun donne à ceux-ci le sens qu'il veut… ou qui l'arrange. L'« économie » n'échappe pas à cette discipline ; or quand je constate que sous le vocable on traite les excès immoraux de la finance, la prédation légalisée, l'exploitation mortifère des ressources naturelles ou des hommes les plus vulnérables, l'éradication de la biodiversité… Il n'y a rien de plus *anti-économique* que ce que parfois on juge *relever de l'économie* ! Et c'est le moyen, pervers, de « légaliser » la malhonnêteté.

À mes yeux, éthique est synonyme de *souci du partage*. Éthique et équité devraient être inséparables : l'éthique suggère l'équité, l'équité suggère l'éthique. Là, au moins, nous ne sommes pas dans le verbiage ! Bien définir les mots est déterminant, et à propos d'éthique il faut être précis. Exemple ? Il peut être éthique de défendre sa patrie, mais l'est-ce toujours lorsque à cette fin on tue ?

Il faudrait presque créer un nouveau dictionnaire, qui recentre le sens des mots, qui recentre l'esprit humain aujourd'hui éparpillé. Et qui recentre les valeurs – aujourd'hui causes de divisions, comme le montrent les rhétoriques des religions monothéistes – à même de rassembler universellement. Oui, il s'agit bien, plus que jamais, de (se) recentrer. À cette condition, on peut se rendre au-delà du langage ; on prend conscience alors de sa portée et de ce qu'il signifie, de ce qu'il peut déclencher dans l'imaginaire collectif.

Denis Lafay. — Le moment que nous vivons questionne particulièrement ce champ des valeurs. Pierre, vous appelez à une définition universelle des valeurs. Quelques sujets peuvent s'y prêter, mais la plupart sont soumis à des critères culturels et historiques « localisés » – dans un territoire, un groupe social, une communauté religieuse… Votre vœu est-il réaliste ? Et d'ailleurs, même, souhaitable ?

Pierre Rabhi. — Il faut tendre vers cette exigence, c'est une question de volonté. Et de survie. Nous devons stopper la cacophonie des valeurs, car sans cela il est illusoire d'espérer mettre fin à la dislocation de la planète et de l'humanité. Songez tout de même que le meurtre est considéré par certains comme un droit, voire une vertu ! Doit-on distinguer dans la liste des meurtres ceux qui sont moralement acceptables, voire remarquables ? Travailler à un tronc commun de valeurs doit être une priorité collective.

Denis Lafay. — Face aux puissantes armes de l'adversaire qui détruit l'humanité, et pour accomplir la transformation désormais urgente, faut-il recourir à la violence, une « violence légitime » ?

Edgar Morin. — Dans ce domaine de la violence, il faut aussi faire preuve d'exigence sémantique. L'expérience de l'Union soviétique et celle de la Chine maoïste montrent que l'*emploi de la violence* pour imposer un monde nouveau a conduit à une *extension de la violence*. De plus, il a dénaturé totalement le projet initial puisque la société annoncée pour fraterniser et pour affranchir les travailleurs les a au contraire esclavagisés. L'usage de la violence possède des aspects extrêmement dangereux. En réaction à une dictature implacable, qu'un puissant mouvement populaire recoure à la violence pour renverser le pouvoir peut sembler acceptable. Mais l'histoire est ténue : si souvent les effets secondaires se sont révélés terrifiants... En Tunisie, les suites de la révolution – d'ailleurs peu violente, mais qui a permis de liquider le régime de Ben Ali – n'ont pas été à la hauteur des aspirations. Et en Égypte ? Ceux qui avaient obtenu l'éviction d'Hosni Moubarak espéraient-ils que lui succèdent d'abord l'islamiste Morsi puis le général-dictateur Sissi ? En Libye, la mort du tyran Mouammar Kadhafi a laissé place à un champ de mines. Et que dire de la Syrie... Le Printemps arabe était animé des meilleures intentions et promettait l'émancipation ; au final, il a provoqué le chaos et fait émerger des forces réactionnaires terribles qui ont conduit à des situations pires. Déclencher la violence libératrice peut déchaîner une contre-violence encore plus oppressive.

Denis Lafay. — L'objet et les manifestations de la violence – ou de la contre-violence – peuvent être illégitimes et poursuivre une finalité amorale, voire immorale.

Pierre Rabhi. — La violence est multiforme et ne peut être réduite à des coups. Un regard méchant peut être violent, on peut dégrader et humilier quelqu'un sans porter la main sur lui. De même, on peut aller se battre pour les meilleures causes et, de retour chez soi, malmener ses enfants, frapper sa femme ou mépriser ses voisins. J'aime faire référence à la non-violence gandhienne. Elle se justifiait dans un contexte historique précis, ses disciples étant conscients qu'il était vain d'espérer se confronter avec succès aux Anglais par les armes. Cette non-violence gandhienne, aujourd'hui encore des peuples massacreurs s'en moquent complètement. Mais lorsque l'adversaire peut faire preuve de sensibilité et de civilité, cette non-violence devient audible et respectée, elle peut permettre de dénouer des conflits. La violence est tellement multiforme qu'y mettre fin requiert une transformation extrêmement profonde de l'âme humaine elle-même. Jésus-Christ avait raison de dire : « Les maux ne peuvent être résolus que s'ils le sont à l'intérieur de nous-mêmes. » En d'autres termes, la violence visible, extérieure, ne peut être résolue que si elle l'est, au préalable, dans le cœur humain lui-même.

Denis Lafay. — La voie est difficile, mais la congruence d'une gouvernance responsable, d'une conscience collective exigeante et d'une organisation cohérente autorise l'espoir.

Edgar Morin. — L'exemple gandhien est éclairant. Lorsqu'ils sont poussés par une conscience collective forte, certains mouvements non violents peuvent aboutir à des résultats concrets. Cet enseignement indique aussi que nous n'avons pas encore exploré suffisamment les moyens non violents de lutte dans la société.

Et c'est pourquoi toute autre voie que la violence doit toujours être explorée en priorité. Prenons le cas de l'agriculture industrialisée, de l'élevage intensif. Ils sont d'une grande nocivité, autant pour les terres que pour l'alimentation qui en découle. Un État lucide et poussé par un mouvement de citoyenneté large et solide peut faire reculer progressivement cette agriculture folle, et promouvoir l'agriculture et l'élevage écologiques, raisonnables, respectueux. Nous connaissons parfaitement les mesures à adopter, y compris pour que cesse l'insupportable barbarie infligée aux animaux élevés dans des conditions infamantes.

D'autres combats, en revanche, posent davantage question. Que faire, par exemple, pour contrer la violence que constitue l'hégémonie du profit, qui colonise même les ministres de l'État ? Comment renverser ce pouvoir quand l'arme la plus naturelle et la plus pacifique, l'impôt, est détournée vers les paradis fiscaux ?

Denis Lafay. — La vengeance est constitutive de l'esprit. La juguler participe au progrès civilisationnel, la mettre à l'honneur entraîne l'âme dans les limbes. Or la société si morcelée, fracturée, individualisée, et en définitive antagonisée, ne cesse de relégitimer le recours à la vengeance. Jamais l'abolition de la peine de mort n'a été à ce point contestée qu'aujourd'hui – publiée en septembre, avant l'assassinat du professeur Samuel Paty et des paroissiens de la basilique Notre-Dame de Nice, l'étude coproduite par la Fondation Jean-Jaurès, l'Institut Montaigne, *Le Monde* et le Cevipof révélait que 55 % des Français réclament le rétablissement de la peine de mort.

Edgar Morin. — En nous, dans notre psychisme, est très profondément inscrit le principe « œil pour œil, dent pour dent », c'est-à-dire, en effet, la vengeance. Or, à quelle exigence la civilisation aspire-t-elle ? Justement à réprimer cette volonté violente de punir, et à donner à la loi le monopole de ce que le juriste et philosophe allemand Carl Schmitt [1888-1985] dénommait la « violence légitime ». Pendant longtemps, la loi a promulgué la peine de mort ; et c'est une civilisation de progrès qui a permis, dans nombre de pays comme la France, d'y mettre fin – peut-être de manière seulement temporaire si la régression se poursuit et que des indicateurs comme celui vous annoncez poursuivent leur croissance. Le propre de la civilisation est d'inhiber au fond de nous la pulsion violente de vengeance, de punition, de haine, contre quelqu'un supposé nous nuire. Dépasser cette pulsion est absolument capital, et à cette fin il faut accomplir un travail historique d'intériorisation éthique.

Denis Lafay. — Appel à une violence légitime, pulsions vengeresses en hausse, néo-autoritarisme et néototalitarisme en vogue : voilà quelques éléments du contexte dans lequel il s'agit d'engager la transformation de la civilisation. La démocratie telle qu'elle est aujourd'hui déployée est-elle impréparée et même inadaptée à l'enjeu ?

Edgar Morin. — J'insiste : ce qui peut aider à la transformation est une prise de conscience collective, qui elle-même animerait les mouvements politiques capables d'assumer le gouvernement et d'orienter la politique dans ce sens-là. Et à cette fin, toutes les expériences et oasis de vie et de travail contribuent. Un État autoritaire pourrait-il imposer ces mesures ? Après tout, pourquoi pas. Sauf que nous n'avons connaissance d'aucun exemple de régime autoritaire sensible à une telle conscience dans les diverses grandes sociétés. La célèbre formule de Winston Churchill demeure : « La démocratie est le pire des systèmes, à l'exclusion de tous les autres »...

Le problème contemporain de la démocratie est qu'elle est décadente. Nous sommes loin en effet d'une « démocratie saine », c'est-à-dire une démocratie cultivant la pluralité d'opinions qui se confrontent et s'affrontent « réellement ». Aujourd'hui, la diversité n'est qu'apparente, elle aussi est sous le joug du dogme régnant du néolibéralisme. Les partis de gauche, qui avaient une fonction de progrès humain, se sont vidés de toute doctrine. Cette crise de contenu, de conscience et d'identité, Emmanuel Macron l'a très tôt repérée, et sa stratégie a conduit le parti socialiste à tomber en miettes et la droite républicaine à se rigidifier complètement. Même son propre mouvement, LREM, est un ramassis hétéroclite d'individus sans homogénéité de pensée, rassemblés uniquement par la confiance dans leur chef pour être réélus. Nous traversons une formidable crise de la démocratie, et cette démocratie est inadaptée à l'ampleur des enjeux à traiter.

Denis Lafay. — Réformer et revitaliser la démocratie doit être une absolue priorité, la poursuite de son dépérissement prédisant un désastre planétaire. Des laboratoires de démocratie inclusive, continue, de projet, de construction, annonçant une transformation et même une révolution de la démocratie, fleurissent, à l'instar de ce que Jo Spiegel, également cofondateur de Place publique, a entrepris pendant trente ans dans sa petite commune de

Kingersheim. Une démocratie fondée sur le principe de « reliance du singulier et de l'universel », une démocratie qui cimente un Pacte civique indissoluble d'un Pacte écologique, une démocratie qui n'infantilise plus, une démocratie qui féconde une altermondialisation ancrée dans la justice sociale, l'impératif écologique, un exercice responsable et civique de la citoyenneté. De quoi inscrire même le moment historique de la pandémie dans l'histoire de la démocratie. Lors de son élection en 2017, Emmanuel Macron avait fait la promesse de revisiter la démocratie. Excepté la Convention citoyenne pour le climat, rien n'a été initié dans ce sens. Et à l'heure de la crise sanitaire, économique, sociale, et surtout éthique, l'échec révèle son acuité.

Edgar Morin. — On ne peut repenser et revitaliser la démocratie que si on lui associe une « pensée ». Or cette pensée fait défaut au chef de l'État et à son entourage. Ses réflexions et ses actions ont pour substrat l'économisme, c'est-à-dire la suprématie de la logique du système économique.

Ce qui est imaginé doit être, selon lui, en accord avec le diktat de l'économie marchande et libérale. Comment, dans ces conditions, « penser » et déployer une politique qui soit écologiquement, socialement, économiquement, culturellement, équitable ? Lorsque les crédits alloués à la santé, au fonctionnement des hôpitaux, à la filière culturelle, à l'éducation, plus largement aux services publics, sont insuffisants voire déclinent, que peut-on espérer ? Ce qui est annoncé comme étant des réformes est de l'anti-réforme. N'est-ce pas le cas du recul de l'âge de la retraite ? De l'ouverture à la concurrence des transports ferroviaires ? De la privatisation de secteurs stratégiques ou relevant du bien commun ?

Il faudrait relancer un New Deal, plus précisément un Green Deal dans le cadre duquel l'État providence exercerait son rôle d'investisseur fécond, en faveur notamment des leviers ou filières écologiques, là où se joue la transformation des modèles de société, là où se joue l'avenir de nos civilisations. Élimination des sources d'énergie polluante, dépollution des villes, revitalisation des sols, développement de l'agroécologie et de l'élevage non intensif, séquestration des déchets toxiques, redéploiement du transport ferroviaire ; promotion de l'hygiène de vie et de l'alimentation saine, des matières biodégradables (en remplacement du plastique) et de l'économie circulaire, etc. Des leviers et des filières synonymes de progrès, synonymes aussi d'une croissance vertueuse venue combler les effets de la décroissance qu'il faut engager dans d'autres domaines. Nous en sommes loin.

Denis Lafay. — Lorsque l'obsession du profit immédiat occulte la vision humaine du futur et dicte la légitimité du progrès technologique à mettre en œuvre, on perd toute clairvoyance sur le fonctionnement de la démocratie et sur les conditions véritables du Progrès.

Pierre Rabhi. — J'entends, bien sûr, ce questionnement sur la démocratie. Il est essentiel, mais il n'est vraiment pertinent que si on le porte au-delà du périmètre de la France, de l'Europe et de l'Occident. Car l'enjeu est total, planétaire ; la menace d'une éradication de l'espèce humaine ne va pas, en effet, être bloquée aux frontières de tel ou tel pays ! Chaque être vivant *est* écologie, son existence et sa survie sont physiologiquement un *sujet écologique* ; plus que jamais, donc, l'écologie n'est pas un objet de politique partisane, elle ne peut pas être la « propriété » d'un seul parti, elle est une conscience qui transcende *toute* la politique.

Denis Lafay. — À ce sujet, l'actualité électorale fait écho. Lors du scrutin municipal de juin 2020, et même si les conditions de l'élection ont biaisé le jeu électoral, les citoyens de grandes agglomérations (Lyon, Bordeaux, Strasbourg, Tours, Annecy, Grenoble) ont priorisé la cause et la conscience écologiques, et ont porté le mouvement *ad hoc* au pouvoir. La commune constitue sûrement l'échelon démocratique le plus propice à l'expérimentation écologique, à l'appropriation collective de la cause écologique. Pour la première fois à grande échelle, il va être possible de tester et d'évaluer les facultés de la démocratie à diffuser des priorités écologiques, de mesurer la capacité de la population et celle, résiliente, de l'économie, à s'accommoder des nouveaux paradigmes. Toutefois, ces maires devront composer avec une triple injonction : la situation de l'emploi et la santé des entreprises ; les contre-indications sociales et sécuritaires de leurs projets ; l'objectif d'être réélus. Au final, faut-il s'attendre à une vraie révolution ou à une simple anecdote ? La « cause politique » de l'écologie pourrait-elle se perdre dans une organisation partisane ?

Pierre Rabhi. — Toute bonne initiative démarre au niveau micro et s'étend à l'échelle macro. C'est pourquoi, en effet, le périmètre de la commune est pertinent, avant, idéalement, de convaincre, par la pédagogie de l'action et de l'exemplarité, une nation ou même un continent. La conquête écologique de grandes municipalités est un symbole fort. Mais ce sera contre-productif si s'instaure l'idée que l'initiative écologique n'appartient qu'aux partis dits écologiques. Cette nouvelle gouvernance doit au contraire, à terme, libérer la cause écologique de l'emprise partisane.

Denis Lafay. — Elle doit entreprendre, finalement, pour que l'écologie, sujet politique par essence cardinal, soit de moins en moins un sujet « de » politique.

Pierre Rabhi. — Tout à fait. L'écologie, c'est du réalisme radical applicable à tout être humain, quel et où qu'il soit. Il est un enfant résidant à Bordeaux ou à Strasbourg, un salarié travaillant à Lyon ou à Grenoble, mais il est aussi un retraité de tout hameau, tout village, toute ville du monde. L'écologie n'est pas un drapeau que l'on brandit pour collecter des voix.

Je commencerai à admettre que les gens ont compris lorsque l'écologie sera enseignée au plus jeune âge. Les enfants devraient être initiés à la nature. On devrait élaborer des jardins dans les écoles, élever des animaux, pour connecter les enfants à une réalité vivante, au mystère, au miracle extraordinaires de la vie, dans le creux desquels on cultive la solidarité, l'empathie, le respect. Au lieu de ça, ils évoluent dans un quotidien de plus en plus virtuel, désapprennent le réel, perdent en créativité, et se mettent en danger. J'ai accueilli des stagiaires qui ne savaient pas planter un clou ou un arbuste... La plupart des jeunes sont riches d'un nombre incroyable d'informations encyclopédiques, mais sont pauvres de toute connaissance du réel ; or c'est ce réel qui est vital.

Denis Lafay. — Ce qu'est devenue « la » ville, plus exactement ce que produit le mouvement planétaire de concentration humaine dans des espaces de plus en plus verticalisés et horizontalisés, condamne-t-il notre « communauté de destins » ?

Pierre Rabhi. — Cette réalité participe à la désertification de l'espace rural, si beau. Mais aussi, plus largement, à la « désertification généralisée » qui assomme notre humanité. La métropole, que je qualifie de « désert surpeuplé », est une anomalie.

La cité idéale, selon Platon, devait avoir une densité limitée, car au-delà s'imposaient l'anonymat et l'appréhension de l'autre. C'était quatre siècles avant Jésus-Christ... Plus près de nous, des courants philosophiques chinois ont établi qu'à partir d'une certaine taille, les villes ne peuvent plus assurer des relations humaines génératrices de bienveillance, de solidarité, de bonheur partagé. Voyons ce qu'il est advenu depuis ! Comment s'étonner que nous ne connaissions pas nos voisins, ayons peur d'autrui, vivions dans la claustration et le repli ?

Ce qui fait la richesse des relations humaines, c'est la possibilité de s'entraider, de s'apporter mutuellement de l'attention et des compétences, de construire ensemble ; lorsqu'on additionne l'anonymat de la densité humaine à la marchandisation de toutes les formes de relations, on comprend que la ville ne peut pas être le lieu de l'épanouissement.

Denis Lafay. — Quand bien même le maquis juridique, institutionnel, (géo)politique et diplomatique à débroussailler est immense avant d'espérer y parvenir, la démocratie doit-elle travailler à faire reconnaître les crimes d'écocide et de zoocide – défiguration environnementale et massacre de la biodiversité perpétrés sciemment par l'*Homo politicus, industrialis, economicus.*

Pierre Rabhi. — Le monde fonctionne de manière morcelée, comme un archipel. Chaque nation est souveraine dans sa parcelle, alors que la planète devrait être considérée comme une entité une et indivisible, comme le bien commun. Quel malheur ! J'enrage d'écouter le président brésilien Jair Bolsonaro soutenir les ravageurs de forêts. J'enrage, parce que au nom de cette souveraineté, « nous » ne pouvons pas le stopper dans sa folie. Que signifient souveraineté et légitimité lorsqu'elles conduisent à l'assassinat d'espèces végétales et animales, à la destruction du vivant, à l'anéantissement du bien commun ? Cela, je ne peux pas l'accepter. Je ne sais pas comment il faudrait s'y prendre, je ne sais pas si une juridiction habilitée à poursuivre les auteurs d'écocide et de zoocide serait utile. Mais je sais qu'il faut coûte que coûte faire barrage à cette démence.

Denis Lafay. — Une voie pour endiguer la « violence dans nos cœurs humains », pour cautériser les innombrables plaies que provoque l'excès de haine, de rivalité, de mépris dans nos âmes, a pour nom « bien commun ». « Le bien de chaque être humain n'est-il pas, en fin de compte, notre bien à tous ? » questionne avec tant de pertinence David Grossman[1]. Et le bien commun d'interroger la notion de partage. *Partager* les ressources naturelles, une terre de culture, une voiture, l'habitat, un vaccin… Partout se propagent des initiatives de partage. Dans quel périmètre faut-il recenser le « bien commun » ? Quel peut être l'avenir du partage dans une économie certes hypermarchandisée, mais qui aussi donne la possibilité de « se réaliser » et d'exprimer son individualité ?

1. David Grossmann, « Question pour temps d'épidémie », *Libération*, 25 mars 2020.

Edgar Morin. — De tout temps, des civilisations ont été profondément communautaires. Ce n'est pas étonnant, vu la plasticité humaine. Des sociétés qu'on appelle *archaïques*, des peuples qu'on dénomme *premiers*, n'avaient pratiquement pas le sens de la propriété individuelle. Aujourd'hui encore, au sein de certaines civilisations, demeurent les communs agricoles, qui permettent à des paysans pauvres de profiter de pâturages pour leurs bêtes. Malheureusement, cette organisation, cette culture communautaire et affranchie du principe de propriété est en voie de disparition. Elle ne résiste pas au rouleau compresseur marchand.

Denis Lafay. — *Bien commun* et *partage* convoquent la *gratuité*. Une « valeur de la gratuité » qui peine à exister dans l'échelle des valeurs dictée par la doctrine capitaliste.

Edgar Morin. — Bien sûr, et il faut bien le constater : la part de gratuité dans nos comportements s'est réduite à la portion congrue. Le penseur autrichien Ivan Illich [1926-2002] a prononcé cette vérité, qui étaye un peu plus encore ma critique de la modernité : « La modernité a tué la gratuité. » Autrefois, il était tout à fait « normal » de se rendre des services mutuels : dans les campagnes on aidait son voisin à construire sa maison, à rassembler le troupeau éparpillé, à creuser un puits. La gratuité faisait partie de l'existence et était l'un des piliers de l'organisation de la société. Travailler à la réhabilitation de la gratuité devrait être un enjeu majeur.

Pierre Rabhi. — Et pourquoi ne pas être plus encore audacieux ? Dès le moment où sonne le réveil jusqu'au retour le soir chez soi, on est au service du travail ; dès lors, ne pourrait-on pas réclamer que le temps de la préparation et des déplacements, aujourd'hui « donnés » par le salarié et donc gratuits, soient rétribués ? Pourquoi le salarié devrait-il *donner* ce à quoi l'employeur l'*oblige* ? Voilà une injustice à corriger. Cette notion de gratuité, il faudra bien un jour faire sur elle toute la lumière. Combien de choses faisons-nous gratuitement pour répondre à des exigences factuelles très précises et qui en tirent un profit ?

Presque plus rien n'est gratuité ou don, et bien trop souvent le geste « offert » n'est en réalité pas désintéressé. Nous évoluons dans un environnement excessivement marchand et dans une structure sociale insécurisante, et la solidarité institutionnalisée – couvertures sociales de toutes sortes – s'est substituée au lien naturel et authentique de solidarité. Dès lors, le principe de réciprocité entre deux individus fait la part belle au donnant-donnant, si bien qu'on fait preuve de compassion en espérant un retour équivalent lorsqu'on sera soi-même en difficulté. Est-ce cela, la « véritable » solidarité ? La « véritable » générosité ? Non. La solidarité et la générosité « vraies » n'attendent aucune contrepartie.

Denis Lafay. — Le nomade marchant au pas de ses brebis ou de ses chameaux est plus libre que le citadin aliéné par la cadence des chaînes de production.

Pierre Rabhi. — Absolument. Rétablir l'exactitude des situations, la véracité des mots est, j'insiste, fondamental. C'est à cette condition que l'on peut déchiffrer la réalité et, par exemple, fustiger l'idéalisation croissante de l'asservissement humain. Le système néolibéral et l'économie de marché encensent presque cet asservissement. Un comble ! L'homme est plongé dans le coma pendant onze mois – on lui confisque la possibilité d'admirer la beauté de la vie –, et le douzième, il le passe en réanimation, c'est-à-dire qu'on l'autorise à récupérer un petit peu de ce dont on l'a privé le reste de l'année.

Ce qui a motivé notre retour à la ferme, pour ma compagne Michèle et moi, il y a près de soixante ans, c'était la volonté de s'extraire d'un système dont on saisissait qu'il incarcérait. La modernité a libéré le langage, mais nos corps et nos consciences n'ont jamais été autant embastillés.

Denis Lafay. — Pierre, dans votre chambre est affiché un discours que Seattle [vers 1786-1866], chef indien des tribus Duwamish et Suquamish, prononça en 1854. Les Américains d'origine occidentale, après avoir massacré ces Indiens, proposaient de racheter leur territoire. En voici quelques extraits.

> Comment pouvez-vous acheter ou vendre le ciel, la chaleur de la terre ? L'idée nous paraît étrange. Si nous ne possédons pas la fraîcheur de l'air et le miroitement de l'eau, comment est-ce que vous pouvez les acheter ? Chaque parcelle de cette terre est sacrée pour mon peuple. Chaque aiguille de pin luisante, chaque rive sableuse, chaque lambeau de brume dans les bois sombres, chaque clairière et chaque bourdonnement d'insecte sont sacrés dans le souvenir et l'expérience de mon peuple. La sève qui coule dans les arbres transporte les souvenirs de l'homme rouge. […] Nous sommes une partie de la terre, et elle fait partie de nous. Les fleurs parfumées sont nos sœurs ; le cerf, le cheval, le grand aigle, ce sont nos frères. Les crêtes rocheuses, les sucs dans les prés, la chaleur du poney, et l'homme, tous appartiennent à la même famille. […] Les rivières sont nos frères, elles étanchent notre soif. Les rivières portent nos canoës, et nourrissent nos enfants. Si nous vous vendons notre terre, vous devez désormais vous rappeler, et

l'enseigner à vos enfants, que les rivières sont nos frères et les vôtres, et vous devez désormais montrer pour les rivières la tendresse que vous montreriez pour un frère. Nous savons que l'homme blanc ne comprend pas nos mœurs. Une parcelle de terre ressemble pour lui à la suivante, car c'est un étranger qui arrive dans la nuit et prend à la terre ce dont il a besoin. La terre n'est pas son frère, mais son ennemi, et lorsqu'il l'a conquise, il va plus loin. Il abandonne la tombe de ses aïeux, et cela ne le tracasse pas. Il enlève la terre à ses enfants et cela ne le tracasse pas. La tombe de ses aïeux et le patrimoine de ses enfants tombent dans l'oubli. Il traite sa mère, la terre, et son frère, le ciel, comme des choses à acheter, piller, vendre comme les moutons ou les perles brillantes. Son appétit dévorera la terre et ne laissera derrière lui qu'un désert. […] La bête, l'arbre, l'homme partagent tous le même souffle. L'homme blanc ne semble pas remarquer l'air qu'il respire. […] J'ai vu un millier de bisons pourrissant sur la prairie, abandonnés par l'homme blanc qui les avait abattus d'un train qui passait. Je suis un sauvage et ne comprends pas comment le cheval de fer fumant peut être plus important que le bison que nous ne tuons que pour subsister. Qu'est-ce que l'homme sans les bêtes ? Si toutes les bêtes disparaissaient, l'homme

> mourrait d'une grande solitude de l'esprit. Car ce qui arrive aux bêtes arrive bientôt à l'homme. Toutes choses se tiennent. […] Enseignez à vos enfants ce que nous avons enseigné aux nôtres, que la terre est notre mère. Tout ce qui arrive à la terre arrive aux fils de la terre. Si les hommes crachent sur le sol, ils crachent sur eux-mêmes. […] Ce n'est pas l'homme qui a tissé la trame de la vie : il en est seulement un fil. Tout ce qu'il fait à la trame, il le fait à lui-même. […] Vous voulez dominer cette terre et l'homme rouge. Cette destinée est un mystère pour nous, car nous ne comprenons pas lorsque les bisons sont tous massacrés, les chevaux sauvages domptés, les coins secrets de la forêt chargés du fumet de beaucoup d'hommes, et la vue des collines en pleines fleurs ternie par des fils qui parlent. […] Où est le hallier ? Disparu. Où est l'aigle ? Disparu. La fin de la vie, le début de la survivance.

Ce discours de Seattle est l'illustration d'une extraordinaire sagesse, d'une implacable vérité, d'une lumineuse humanité… et des toxines du pouvoir. Celle aussi de ce « bien commun » que nous essayons de circonscrire.

Pierre Rabhi. — « La terre n'appartient pas à l'homme; l'homme appartient à la terre », complète Seattle. Comment voulez-vous que nous vendions quelque chose qui ne nous appartient pas ? L'utilité, la valeur de ce discours dépasse celle de toutes les dissertations remplissant les étagères de nos bibliothèques. La terre ne devrait pas appartenir à l'homme. Malheureusement, sa soif de pouvoir et, dans son sillage, celle d'accaparer et de posséder l'ont corrompu. En toute légalité et même encouragés par le modèle économique et de société, nous accomplissons au quotidien, et partout dans le monde, un vol de ce qui est un « bien commun ». Ce hold-up permanent s'accomplit les armes ou le lucre à la main. « Piller la forêt amazonienne » avec l'encouragement de l'autorité brésilienne est un délit ! Mais cette forêt, personne ne l'a jamais plantée. Elle est ce « bien commun » devant échapper à la mainmise de l'homme. Détruire le bien commun en portant sciemment préjudice à l'ensemble de l'humanité et des créatures vivantes ne devrait pas être autorisé. C'est un crime. C'est même un assassinat, car il y a préméditation et pleine conscience de l'acte. Ce délit éveille en moi une indignation que j'ai beaucoup de difficultés à apaiser. Toujours cette obsession du préjudice immonde infligé par anticipation aux générations à venir.

Denis Lafay. — Depuis la survenue du premier confinement, un terme est devenu très populaire : *résilience*, consubstantiellement lié à la *résistance*. Très populaire et même galvaudé, jusqu'au chef de l'État qui baptisera de la sorte les dispositifs militaires affectés au soulagement des services de soins. La résilience désigne la capacité de se reconstruire après un trauma, de se redresser après un drame. Et cela vaut pour la nature ; ne dit-on pas que la capacité résiliente des hommes ferait bien de s'inspirer de celle, remarquable, des arbres, des animaux, de la végétation, et donc de la nature ? La faculté de résilience est conditionnée aux dispositions d'exorciser l'innommable subi, et ces dispositions elles-mêmes dépendent du « capital affectif » accumulé antérieurement et de la « qualité tutorielle » sur laquelle appuyer son rétablissement. Ce tuteur peut être un proche parent, une organisation, et même l'État. Et cette résilience est indissociable de la *fragilité* et du *soin de l'autre.*

Il n'existe en effet guère de « possibilité résiliente » si les sujets en processus de reconstruction ne perçoivent pas un environnement tolérant, compréhensif, reconnaissant, et même valorisant pour la *fragilité*. Et cette règle vaut autant pour un individu dévasté, un collectif humain dévasté, une communauté animale et végétale dévastée. Or, à notre époque ivre de performance, il n'existe pas plus fragile que la considération de la *fragilité* et de la *vulnérabilité*. D'autre part, ce fut criant à l'acmé de la crise, au printemps : l'aspiration au « soin de l'autre » (*care*), mais aussi à la solidarité et à la fraternité, fut soudaine et grande. Réjouissante. Au fil du temps, quelques signes témoignent qu'elle s'est maintenue, bien d'autres, qu'elle s'est érodée. Conservez-vous l'espérance qu'elle continue de sédimenter en profondeur ?

Peut-on croire que l'épreuve pandémique peut durablement modifier notre rapport à la fragilité ?

Edgar Morin. — La résilience est un principe issu de la physique et que Boris Cyrulnik a adapté au champ de la psychologie. À l'origine, elle signifiait la capacité de supporter des atteintes destructrices, et elle a été élargie à celle, féconde, du rebond qu'on met au service de son développement personnel. Ou comment le malheur peut fortifier et devenir source de bonheur. Le sens véritable s'est vulgarisé, et, en effet, à la faveur de la crise pandémique, a été employé parfois à tort et à travers. En cet automne, près de six mois après le début du déconfinement et alors que la deuxième vague nécessite le déclenchement d'un reconfinement, nous pouvons constater que de cette possibilité de résilience collective et des grands mouvements de solidarité qui avaient prospéré, il ne reste pas grand-chose. Dans nos sociétés, c'est toujours à l'occasion d'un cataclysme (tremblement de terre, tsunami, pandémie) que se reconstitue la so Mais celle-ci s'étiole vite, elle n'est jamais durable. La faute, là encore, à un système économique consumériste, individualiste et à une culture éducative qui ne l'encouragent pas, et, pire, la disqualifient. Or la solidarité devrait être inscrite dans la civilisation.

Denis Lafay. — C'est la « relation à autrui » telle que la cisèle le philosophe Robert Misrahi[1] : une relation opposée à celle de « réversibilité », signifiant qu'autrui constitue notre raison de vivre, que toute existence est inexistante si elle ne se reflète en personne ou en rien, et pour cela exigeant que nous renversions à l'égard d'autrui – espèce vivante quelle qu'elle soit – notre rapport dominateur et instrumentalisant, intoxiqué par le poison marchand, en un rapport de reconnaissance. Et même de double reconnaissance : de sa valeur par autrui, et de la valeur d'autrui par soi.

1. Robert Misrahi, *Petit manuel de bonheur à l'usage des entrepreneurs… et des autres*, dialogue avec Denis Lafay, La Tour d'Aigues, l'Aube, 2020.

Ainsi, complète le disciple de Spinoza, on « donne sans conditions de retour ».

Edgar Morin. — Il s'agit là d'une problématique culturelle profonde. Elle me rappelle un souvenir précis. Ma précédente épouse était hospitalisée, et une femme de ménage, marocaine, lui fit l'observation suivante : « Il y a quelque temps, un vieux monsieur est tombé dans le couloir. Je me suis précipitée pour l'aider à se relever lorsqu'une infirmière a voulu m'en dissuader : "Si jamais il s'est cassé un os, vous allez avoir des ennuis." Une autre fois, je marchais dans la rue lorsque je vis un autre pauvre vieux monsieur trébucher. Là aussi, je m'apprêtais à l'aider quand une passante me dit : "Ne faites rien, car sinon vous serez convoquée au commissariat de police." » Autrefois, qui aurait osé ne pas venir en aide à une personne en détresse ? Aujourd'hui, combien de passants baissent les yeux et tournent le visage ? Le sujet est bel et bien d'ordre culturel. Comment substituer la considération à l'indifférence ? Nous devons impérativement redéployer et revitaliser une « culture » de la solidarité ; ce sera très long et très difficile, mais nous devons nous y employer. Et je constate que cela fait écho à une prise de conscience grandissante.

Pierre Rabhi. — Nous sommes prisonniers d'une espèce de « mécanicité sociale » qui a conduit à la mise à l'écart du sacré. Un souvenir me revient également. La fête du mouton, l'Aïd el-Kebir, est l'illustration qu'un « simple » service rendu peut être riche d'autres choses. Le préposé, si son cœur est rempli de toxines – aigreur, ressentiments, esprit de vengeance, etc. –, n'est pas autorisé à égorger l'animal. Car cela signifierait qu'il le profane, or le sens de ce sacrifice est au contraire la réconciliation. Un jour, je vois mon père lever le couteau. Et soudainement il se fige, comme paralysé et pris dans une torpeur. Je lui en demande la raison. Son voisin et lui étaient fâchés. Impossible dans ces conditions de s'acquitter de la mission. Alors il se rend chez lui, ensemble ils conviennent de sacrifier le mouton de l'autre, puis ils se prennent dans les bras, et les deux animaux prennent une valeur extraordinaire car elle est celle de la réconciliation. Aujourd'hui, où dominent prosaïsme, rendement, réalisme, cette dimension du sacré est éludée, voire raillée et méprisée. Pourtant, elle peut être centrale lorsqu'on s'intéresse aux principes de solidarité, de générosité et de don « sans conditions de retour ».

Denis Lafay. — « L'écologie ne nous rassemble pas, elle nous divise », fait remarquer le philosophe, chercheur au CNRS, Pierre Charbonnier[1]. Elle divise les gouvernements, elle divise les (quelques) gagnants et les (innombrables) perdants du capitalisme actionnarial et financier, elle divise groupes sociaux et géographiques qu'elle impacte inégalement, surtout elle divise « à l'intérieur de chacun de nous », écartelé dans son quotidien sur chaque arbitrage, chaque sujet de culpabilité, chaque renoncement. Les

1. Pierre Charbonnier, « L'écologie ne nous rassemble pas, elle nous divise », *Le Monde*, 15 mai 2020.

lignes de clivage sont quotidiennes et nombreuses. Et elles sont d'autant plus vives que la société contemporaine des réseaux sociaux atteint un niveau inédit et paroxystique d'hystérie, d'anathème, de fracturation.

D'autre part, la mise en œuvre d'une vision et d'un programme de société respectueux de l'environnement fait débat. En premier lieu sémantique, mais aussi stratégique et politique. Écologisme, écologie liberticide, conception tyrannique de l'écologie, etc. : les positions de la présidente de Cap-21/LRC Corinne Lepage l'illustrent : l'ancienne ministre de l'Environnement milite pour une « écologie du consensus » contre « l'écologie de l'exclusion », pour une écologie « pragmatique et réaliste » en opposition aux expressions dogmatiques et idéologiques de l'écologie qui stigmatisent et fragmentent. Or personne ne contestera son autorité en matière écologique. Tout, des débats publics, le démontre : la ligne de crête est ténue, qui tente un équilibre fragile entre injonctions et invitations, lois et contrats, obligations et sensibilisations.

Aussi, entre révolution et transformation. Et de poser une question cardinale : au nom de leur mise en œuvre, l'objectif, le dessein, la responsabilité écologiques *si légitimes* peuvent-ils contester notre *si légitime* espace de liberté ?

Je cite, enfin, quelques passages du *Siècle vert* (de votre ami, Edgar, Régis Debray[1]) :

> Après l'horreur économique, l'horreur écologique ? […] En 1968 puis dans les années 2000, l'écologie est devenue successivement idéologie puis dogme officiel […] On va vous serrer la vis pour vous sauver la vie.

Et alors de convoquer :

> les brigades d'inspection des poubelles, l'incarcération des chasseurs, fumeurs et réfractaires, les campagnes de stérilisation forcée. Un enfant et un seul par couple ne venant pas spontanément à l'idée des mamans, seul un État autoritaire et policier pourrait faire respecter les règles malthusiennes qu'imposerait une détresse climatique mettant le couteau sur la gorge des survivants.

1. Régis Debray, *Le siècle vert*, Paris, Gallimard, Tracts, 2020.

Et d'évoquer «la facilité déconcertante qu'a la correction d'une injustice pour en produire une deuxième». Loin, le philosophe, de contester, au final, l'impérieuse nécessité de conscientiser l'enjeu écologique, simplement l'utile nécessité d'en rapporter certains volets, interprétations ou manipulations extrém(ist)es. Comme en écho à une réalité : la contrainte, l'abîme, la culpabilité pour leviers ne sécrètent pas le rêve et le désir de (se) transformer... Comment, dans ce contexte, peut-on espérer *rassembler* vers la *communauté de destins* qui vous est, à l'un et à l'autre, si chère ?

Edgar Morin. — Tout un travail de rééducation à la notion même de civilisation doit être entrepris afin de reconsidérer et même de réinitialiser notre rapport aux autres espèces vivantes, animales comme végétales. Le chemin sera long. Or c'est à ce prix que nous pourrons cesser de considérer la nature comme un obstacle à surmonter ou une proie à capturer. Nous sommes dans un monde marqué par l'empreinte judéo-chrétienne. Dieu a créé l'homme à son image, et donc une création séparée des animaux. L'apôtre Paul annonce la résurrection des hommes, mais pas celle des animaux, attribuant *de facto* à l'espèce humaine un statut spécial. Seize siècles plus tard, Descartes juge que la science et la technique sont au service de l'homme aux fins de maîtriser la nature. Une conception qui règne encore aujourd'hui si l'on en juge certains courants de pensée aux États-Unis, notamment créationnistes, qu'incarnent Donald Trump et ses séides. Il faut dénoncer cette empreinte culturelle et lutter contre elle. Comment ?

Il y a d'abord les démonstrations scientifiques. Nous sommes nous-mêmes des animaux, issus d'une évolution biologique ; nous sommes à l'origine du déferlement techno-économique animé par le profit et des dégradations que nous imposons à la biosphère. Ces évidences devraient être enseignées dès le plus jeune âge à l'école, la science écologique devrait faire partie intégrante des cursus collégien et lycéen. Il n'en est rien. Or de comprendre comment les écosystèmes se constituent, s'autorégulent, s'articulent, évoluent, comment la Terre est un « tout » spontanément organisateur et régulateur, ouvrirait les consciences à une autre... conscience des animaux et des végétaux, des ressources naturelles, de l'eau et de l'air, auxquels nous sommes liés par un cordon ombilical.

Autre méthode à appliquer scrupuleusement : ne jamais cesser de marteler, de rabâcher l'évidence. Le climat se réchauffe, la biodiversité décroît inexorablement, les banquises fondent, les forêts brûlent, l'extension urbaine avale les espaces vitaux, etc. La liste est longue. Une telle information est essentielle, et la population en prend conscience ; mais cette conscience, elle la referme très vite, sommée par la réalité du quotidien et de l'immédiateté. Cloîtrée dans l'angoisse permanente, elle se tétanise. Ne jamais cesser de marteler l'évidence, mais aussi de prêcher la voie à suivre. Et, par exemple, que les bons produits cultivés en agroécologie et en circuits courts assurent une nourriture plus saine, un goût meilleur, et de meilleures conditions de vie aux paysans. Il y a tant de choses à révéler, à promouvoir, et qui dépassent l'échelon de l'éducation… Si seulement il pouvait exister un grand mouvement politique qui place cette évidence, cette urgence, cette priorité au cœur des consciences citoyennes… Nous sommes au début d'un cheminement qui s'annonce long alors que la situation dicte l'urgence, qui s'annonce cahoteux alors que la réalité exige la fluidité. La conscience coagulera-t-elle et coalisera-t-elle à temps ?

Pierre Rabhi. — Permettez-moi de revenir aux conditions de mon installation en Ardèche. C'était l'époque des Trente Glorieuses, et notre choix de vivre au cœur de la nature était à contre-courant des mouvements dominants, tournés vers la ville et l'industrie. Cet exode nous profita puisqu'un large éventail de domaines à vendre nous était proposé. Notre choix se porta sur un lieu qui n'avait pas été domestiqué, une terre rocailleuse, une installation sans eau courante ni électricité ni téléphone ni même accès praticable. D'autres exploitations déjà équipées pour la culture étaient disponibles, mais c'était celle-là que nous voulions. Simplement parce qu'elle était d'une folle beauté. Une fois ma formation d'ouvrier agricole effectuée, je me rendis à l'agence du Crédit agricole pour solliciter un emprunt. Le conseiller s'y opposa. «Je ne veux pas être complice de votre suicide, nous déclara-t-il. Jamais vous ne vous en sortirez. Si vous optez pour un terrain dans la vallée de l'Eyrieux, je suis disposé à vous prêter cinquante fois plus»... Il ne comprenait pas que cette beauté était notre seule motivation, et que cette motivation allait nourrir notre engagement, notre foi en notre projet. Ce combat entre rationalistes et amoureux, entre la cause du profit et celle du bien-être, résume l'enjeu auquel l'état du monde nous convoque. Quand le beau et le bon dictent le choix, plus rien n'est contrainte, punition, tristesse. C'est pourquoi, aussi, la *sobriété* est *heureuse*, car elle résulte d'un processus dans lequel on se libère des chaînes du superflu, de l'inutile, on n'est plus prisonnier des désirs matériels toujours «plus» gros, chers, futiles.

Denis Lafay. — Louis Aragon annonça, ou plutôt espéra, dans son recueil de poèmes *Le Fou d'Elsa*[1], que « l'avenir de l'homme soit la femme ». Jean Ferrat sublima le texte[2]. La condition des femmes est aujourd'hui mise à l'épreuve ; depuis le premier confinement, elles ont été sur tous les fronts (professionnel, familial, éducationnel), elles ont été peu présentes dans le débat public – leur représentation a été reléguée aux soins quand les hommes s'appropriaient l'expertise –, elles exercent nombre d'emplois traditionnellement ignorés et mal rémunérés mais que la gestion de la pandémie a mis en valeur (infirmières, aide-soignantes, caissières, etc.), elles sont particulièrement exposées aux nouvelles organisations promouvant le télétravail, le nombre de féminicides a bondi pendant le confinement. Et il est apparu que les pays qu'elles dirigent – notamment la Nouvelle-Zélande,

1. Louis Aragon, *Le fou d'Elsa*, Paris, Gallimard, 1963.
2. Cf. *Jean Ferrat, c'est beau la vie*, Denis Lafay (dir.), La Tour d'Aigues, l'Aube, 2020.

l'Islande, le Danemark, la Finlande, Taïwan, et bien sûr l'Allemagne – ont accompli des résultats « systématiquement et significativement meilleurs » quant à la gestion de la crise pandémique[1]. Que peut-il, faut-il ou risque-t-il qu'il « sorte », les concernant, du moment « historique » actuel ?

Edgar Morin. — Vivons-nous une révolution féminine, de ces révolutions tour à tour silencieuses ou bruyantes qui ont débuté avec les suffragettes à la fin du XIXe siècle, se sont poursuivies avec l'acquisition du droit de vote et de celui à l'avortement, et connaissent des étapes significatives comme celle du mouvement Me Too ? C'est tout à fait possible. Et il faut l'espérer. Aujourd'hui, qu'elles soient secrétaires ou starlettes, caissières ou

1. Supriya Garikipati et Uma Kambhampati, « Leading the fight against the pandemic: does gender "really" matter ? », *CEPR Press*, n° 26, 5 juin 2020; des mêmes: « Are women leaders really doing better on coronavorus ? the data backs it up », *World Economic Forum.org*, 3 septembre 2020.

sportives, les femmes libèrent leur parole, dénoncent les abus sexuels et les chantages, des situations par la faute desquelles elles sont, de tout temps, asservies. Leur droit à l'émancipation est inaliénable et suit une dynamique puissante.

Denis Lafay. — Puissante, mais pas irréductible. Partout sur la planète, et pas seulement sous le joug de régimes politiques et/ou religieux régressifs comme en Turquie, ce progrès des droits des femmes est questionné, voire recule. À la succession de l'icône féministe Ruth Bader Ginsburg décédée le 18 septembre 2020, la désignation précipitée de l'ultra-conservatrice Amy Coney Barett à la Cour suprême modifie les équilibres et fait craindre aux États-Unis une atrophie aggravée des valeurs morales et des droits des femmes. L'Europe n'est pas épargnée. Depuis le 22 octobre, les mesures de la Cour constitutionnelle afin de consolider la dérive ultra-conservatrice de Jarosław Kaczyński et de son parti Droit et Justice (PiS), au pouvoir en Pologne, rendent quasiment impossible de recourir à l'interruption volontaire de grossesse. Non seulement il reste un champ immense de droits à conquérir, mais ceux que l'on croyait acquis vacillent…

Edgar Morin. — C'est une triste vérité. Et qui impose de redoubler d'inventivité, de vigilance et de détermination. Mais il y a des raisons de rester confiant. Le mouvement d'émancipation se traduit par une représentation politique et par des dispositifs législatifs intéressants. Par exemple, et même s'il faut passer par des mesures de discrimination positive, la règle de la parité est vertueuse. Notre époque est en cours de « quelque chose » d'important, une évolution qui, nécessairement, avance beaucoup et parfois recule, et dont la durabilité des effets doit être mesurée dans un temps qui n'est pas le nôtre. Une évolution qui a pour objet un exercice délicat : à la fois atteindre l'égalité et faire reconnaître la différence – une différence d'ailleurs complexe. La ligne de crête est ténue. Et doit composer avec les inévitables excès et déviances propres à tout mouvement de révolution – une frange féministe milite même pour couper les rapports avec le masculin.

Pierre Rabhi. — Peut-on s'étonner que les pays dirigés par des femmes intègrent mieux que d'autres, pendant la pandémie, la nécessité d'empathie, d'altruisme, de prendre soin ? Structurellement, le genre humain a clivé le féminin et le masculin. Tout, ou presque, dans la société « culturellement » machiste, est fondé sur la subordination du féminin au masculin. Et le mal est très ancien. La Bible elle-même débute par la transgression d'Ève croquant le fruit défendu, et tout au long de l'Ancien Testament le mâle est dominant et sacralisé. En cas d'adultère, qui est lapidé ? Toujours et seulement la femme. Et vingt-cinq siècles plus tard, qu'est-ce qui a fondamentalement changé ? Regardez en Inde ce qu'il advient aux hommes qui violent des femmes : ils sont à peine épinglés. Ailleurs, parce qu'elles ont contesté les codes archaïques et oppresseurs au nom de leur liberté, des femmes sont massacrées en toute impunité. L'infériorisation de la femme, quasi universelle, n'est pas contestable. C'est l'une des grandes tragédies de notre histoire, l'une des pires tares de l'humanité. Il est impossible de continuer une histoire humaine saine dans de telles conditions.

Lors de mes nombreux séjours en Afrique, j'ai fait le constat du rôle prépondérant des femmes. Leur journée ? Premières levées, elles allaitent et s'occupent des enfants, préparent l'ensemble des repas, s'acquittent des corvées – récupération de l'eau, ménage, nettoyage, etc. –, et entre toutes ces tâches exercent des travaux de subsistance. Pendant ce temps, l'homme se pavane sur le marché, sirote des cafés avec ses amis, fait ses prières. Autrement dit, si les femmes décidaient la grève, l'organisation familiale, sociale et économique s'écroulerait instantanément. Cette forme à peine déguisée d'esclavagisme n'est pas absente en Occident. Regardons objectivement ce qu'est le quotidien de nombre de femmes.

La réalité absolue de la vie, ce sont les deux puissances, féminine et masculine, qui sont interdépendantes. Le masculin doit reconnaître son féminin, et le féminin, reconnaître son masculin. L'acceptation, par chaque homme, de la part féminine dont il est constitué permettrait de progresser vers l'objectif : l'équilibre, la juste harmonie des énergies et des sensibilités. Cette part, même cette ambivalence, nous devons les revendiquer avec fierté. Et les intégrer dès le plus jeune âge. Par exemple en cessant d'apostropher un jeune garçon en peine par un « Ne pleure plus. On dirait une fille ! » L'enjeu sous-jacent est d'apprendre à accepter que l'on est fragile. Et, surtout, que la fragilité est vertueuse parce qu'elle nous révèle notre vulnérabilité.

Ces changements nécessaires de paradigme, ce n'est pas, à mes yeux, par la révolution que nous y parviendrons, mais par la compréhension, l'expérience, la pédagogie.

Denis Lafay. — Cet esclavagisme des femmes doit-il inspirer une réflexion et une colère plus larges sur les domaines questionnant la vassalité de l'humanité à des mécanismes, des logiques, des puissances, aliénants ?

Pierre Rabhi. — La civilisation moderne est esclavagiste. Les exemples ne manquent pas. Nous consacrons une immense partie de notre vie à percevoir un salaire. Oui, notre vie contre une rémunération. «Je te donne ma vie, tu me verses un salaire» ; or notre existence n'est-elle pas plus précieuse qu'un salaire ? Nous nous croyons libres, en réalité nous ne le sommes pas. Et cela a pour conséquences que nous ne sommes plus dans la raison, mais en permanence dans la démesure. Nous évoluons dans une société qui produit du déchet en grande quantité parce qu'il faut que cette société vive. Songeons que 30 à 40 % de la production des sociétés dites avancées n'est composé que de superflu. J'en veux pour preuve les jouets, notamment la gabegie de Noël dans certaines familles. Lorsque j'étais enfant, je pratiquais le vélo. Il était formé d'un guidon en métal tordu, d'un cadre composé de bouts de bois, et mes pieds faisaient office de roues ! En fait, le vélo était dans ma tête, c'est mon imagination qui me faisait voyager sur les routes et parcourir les paysages. Je ne prêche pas, évidemment, pour que les bicyclettes aujourd'hui soient aussi sommaires ! Simplement, je constate que les parents offrent des jouets truffés de technologies, ils exercent sur les enfants une sorte de « transfert » par la faute duquel la créativité est niée.

Nous sommes prisonniers de la prolifération de productions inutiles, de productions néfastes pour la planète parce qu'elles consomment une énergie et des ressources folles, et néfastes pour notre humanité parce qu'elles étouffent notre inventivité et nous encagent dans une norme : celle de gaspiller, de fabriquer et d'acheter de manière irrationnelle. Ce qui est anomalie est désormais norme. Comment sortir de cet enfermement ?

Denis Lafay. — « Cette épidémie nous apporte un festival d'incertitudes, avec lesquelles nous devons vivre », estimez-vous,

Edgar. L'un des travers de la science contemporaine, plus exactement de la tentation scientiste, est de ne plus accepter l'imprévu, l'inexplicable, l'incontrôlé. Le mystère. « Le développement de l'État providence à partir de l'Europe depuis la fin du XIXe siècle a eu tendance à faire oublier à ceux qui en bénéficient que l'aléa et l'incertitude continuent d'être des composantes fondamentales de nos destins collectifs », rappelle d'ailleurs l'anthropologue Philippe Descola[1]. Tout comme y concourt le « principe de précaution » constitutionnalisé, nous perdons le droit au risque, le goût du risque, ce risque dans le sillage duquel prospèrent l'audace, l'initiative, la créativité, le Progrès. Ou comment des dispositifs bénéfiques deviennent maléfiques. N'est-il pas heureux que nous « découvrions » que l'incertitude est composante de la vie ? Car n'est-ce pas la conscience de l'incertitude qui commande la conscience de notre petitesse, qui dicte

1. « Philippe Descola : "Nous sommes devenus des virus pour la planète" », propos recueillis par Nicolas Truong, *Le Monde*, 20 mai 2020.

notre conscience – et donc notre exercice – de la responsabilité ?

Edgar Morin. — L'incertitude détermine le caractère aventureux de nos destinées, elle rappelle en effet à notre conscience que la vie *est* (une) aventure. Une immense, une incroyable, une merveilleuse aventure. Lorsqu'il naît, chaque individu ignore tout des opportunités, des joies, des déconvenues, des drames, des découvertes, des bonheurs, qui jalonneront son existence. Il sait qu'il mourra, mais il ne sait pas quand. La vie, c'est faire des paris et ne jamais croire que ses décisions sont absolument justes, c'est privilégier l'état de *vigilance* et de *veille* à l'état de *somnolence* et d'*adaptation au pur présent.* On s'adapte à la nature de la vie lorsqu'on est conscient en permanence de l'incertitude de l'existence.

La vie de chacun est donc une aventure, mais la vie d'une nation l'est également, et c'est valable pour toute l'humanité. C'est cette incertitude qui confère à une telle aventure d'être singulière. Ceux qui s'escriment à lui fixer des certitudes afin d'anticiper et de limiter les aléas ne peuvent qu'échouer dans leur entreprise. L'obsession de maîtriser le futur en contrôlant les facteurs d'imprévisibilité est aussi inepte que délétère. Se camoufler, occulter le caractère incertain de l'aventure humaine est une illusion, et la pandémie de Covid-19 sert peut-être à faire prendre conscience que l'incertitude ne résulte pas seulement d'un virus, mais est liée aussi à l'avenir et au destin de l'homme. La chance suprême est inséparable du risque suprême.

Tout, bien sûr, n'est pas incertitude, et, heureusement, nous pouvons nous appuyer sur un certain nombre de certitudes pour tracer notre chemin. C'est pourquoi j'aime dire que la vie consiste en une navigation dans un océan d'incertitudes, au milieu duquel apparaissent des îlots de certitudes où l'on se ravitaille en poursuivant sa route.

Denis Lafay. — Beaucoup est déploré, vitupéré, depuis le début de la pandémie, à propos des restrictions de nos libertés.

Nous nous focalisons sur la compression, momentanée, des libertés de se déplacer, de circuler, de commercer. Mais la véritable privation de liberté, celle de penser, d'être critique, d'oser, n'est-elle pas antérieure, et la conséquence d'une oppression et des multiples servitudes exercées, de manière déguisée, par le diktat consumériste ? Nous croyons penser, réagir, agir en pleine liberté. La réalité est autre. Edgar, vous avez connu l'*interdiction de liberté* durant la Seconde Guerre mondiale, constatez-vous aujourd'hui l'*illusion de liberté* ?

Edgar Morin. — Bien sûr, les restrictions de liberté commandées par la gestion de la pandémie sont pénibles. Mais nous ne sommes pas privés de liberté de connaissance et de liberté de pensée, nous n'évoluons pas sous l'équivalent de la domination nazie, du régime de Vichy ou du communisme stalinien. Ces totalitarismes s'appliquaient à la vie humaine dans son exhaustivité. Pour autant, nous devons faire preuve de vigilance à l'égard d'une nouvelle forme de néototalitarisme, dont la Chine est l'incarnation mais qui n'épargne pas l'Occident. Ce néototalitarisme recourt aux nouvelles technologies (contrôle des réseaux informatiques et des forums d'expression, reconnaissance faciale, géolocalisation, traçabilité des échanges, intelligence artificielle, pouvoirs algorithmiques, satellites, drones, etc.), qu'il légitime au nom de périls sécuritaires – menaces extérieures, terrorisme, etc. – ou même d'un meilleur confort de vie au quotidien. Au final, ce néototalitarisme exerce un contrôle sur nos comportements, nos aspirations, nos goûts, et à terme il peut influencer notre liberté de penser, de critiquer, d'agir, et restreindre la pluralité des connaissances et des expressions. Et de ce spectre, aucun pays n'est protégé. La force de frappe, considérable et planétaire, des GAFAM oriente les consciences et conditionne concrètement cette pluralité. En France, la presse est dans sa quasi-totalité sous le contrôle d'intérêts politico-financiers qui attentent, eux aussi, à cette pluralité.

Bref, il y a « péril en la demeure », et il s'agit d'être en alerte.

Denis Lafay. — Des transformations aussi bien intimes que systémiques espérées de l'après-pandémie, celle du rapport à la consommation est centrale. Des premières tendances ont vu le jour, certaines sont encourageantes, d'autres, non. Pour abandonner nos modes de vie – le confinement a révélé combien nous sommes intoxiqués par le consumérisme –, d'aucuns, à l'instar de l'ancien président du conseil scientifique de la Fondation Nicolas-Hulot, le philosophe Dominique Bourg, préconisent des injonctions radicales – comme des « quotas », sortes de « permis à consommer ». Là encore, il apparaît que « sauver l'humanité » ne peut pas s'affranchir de mesures liberticides.

Pierre Rabhi. — Le plus regrettable avec cette pandémie, c'est que nous n'avons pas produit l'effort d'en rechercher la véritable cause. Or elle questionne très directement notre rapport à la liberté. « Un virus s'est formé sur un marché ou s'est échappé d'un laboratoire de Wuhan » : voilà à quoi se résume l'origine officielle. Qui donc déclare qu'il est « aussi » la conséquence de notre comportement de démolisseurs, de saccageurs, d'exploiteurs ? Personne, ou presque. Or c'est ça, la réalité. L'homme détruit la planète vivante, et il devrait s'étonner que surviennent de telles pandémies ? Lesquelles, d'ailleurs, il faut le rappeler, pourraient n'être qu'un hors-d'œuvre lorsque le permafrost des sols arctiques dégèlera et libérera des virus et des bactéries autrement plus mortels et contagieux.

Cette ignorance relève-t-elle de l'obscurantisme, du manque de courage ? D'une cécité délibérée ou maladroite ? Des pressions des lobbys, des intérêts des géants du commerce, de l'industrie et de la finance, qui vivent du fonctionnement marchand dérégulé et d'un capitalisme devenu sauvage ? C'est un mélange de tout cela. Nous nous croyons libres de choisir, en réalité notre liberté est confisquée. Les fondements et les rouages de cette ignorance, à l'origine du renoncement à nos libertés les plus fondamentales, le domaine de l'agriculture en est l'illustration. Une spectaculaire illustration.

Denis Lafay. — Utopie : honni ou moqué, discrédité ou raillé, l'item est pourtant déterminant. Une société qui décourage, entrave ou nie l'utopie est condamnée « au désespoir », estimait le généticien Albert Jacquard[1] « On ne peut pas concevoir l'avenir sans envisager l'utopie[2] ». Toute utopie doit-elle être raisonnable pour être acceptée ? Quelle utopie absolue, ultime, irréalisable mais fondamentale, formulez-vous en secret ?

Pierre Rabhi. — Mon itinéraire est fait d'utopies. Quand, en 1961, nous avons décidé de retourner à la terre, on nous a

---

1. Albert Jacquard, in *Tout homme est une merveille*, Denis Lafay (dir.), Lyon, RH Éditions, 2007.
2. « Albert Jacquard (1925-2013), L'économie est basée sur une conception erronée du thème de la valeur », propos recueillis par Denis Lafay, *La Tribune*, 13 septembre 2013.

jeté à la figure : « Vous êtes des utopistes, des fous, jamais vous ne vous en sortirez. » Ce choix était une utopie, et nous étions condamnés à être des utopistes. Le système moderne récuse l'utopie, car il est sous la coupe des rationalistes. Lesquels rejettent – jusqu'à les punir – toute pensée, toute audace qui contestent l'ordre dans lequel ils pensent et organisent le monde. L'utopiste est celui qui ose, qui « tente le diable » au nom d'une aspiration, qui déjoue l'emprise des « raisonnables ». Il est porté, à l'intérieur de lui-même, par une conviction ou une volonté grâce auxquelles il se désaligne du dogme, funeste, de la raison. Cette raison qui croit détenir la vérité. L'utopie, c'est bel et bien « ce qui n'a pas été tenté ».

Denis Lafay. — La tyrannie de la rationalité et de la raison est d'autant plus nuisible qu'elle discrédite l'emploi d'autres leviers pour « expliquer l'inexplicable ». Et, par exemple, *comprendre* la perpétuation du mal alors qu'à l'échelle des trente derniers siècles l'humanité est globalement en progrès permanent…

Pierre Rabhi. — Parfois, je m'interroge : sommes-nous manipulés par des entités invisibles qui nous détournent du bien ? Car franchement : comment faisons-nous pour être à ce point *incapables de changer* alors que nous sommes informés et conscients de l'*urgence de changer* ? Un matin, je me réveillai, branchai la radio, et fus assommé : absolument toutes les nouvelles étaient sombres. Aucune lumière, aucune espérance, comme si le monde était cette photographie morbide. Je pris alors mon téléphone et appelai mon ami, botaniste et écologue, Jean-Marie Pelt [1933-2015]. « Je ne comprends plus l'humanité. Pourquoi n'arrivons-nous pas à sortir de l'ornière de siècles et de siècles de violence ? » On finit une guerre, on en recommence une nouvelle, et on dépense des dizaines de milliards d'euros pour perfectionner plus encore les armes et mieux nous entretuer. Pourquoi ne parvient-on pas à identifier le mal et à le juguler définitivement ? C'est incompréhensible. Sauf peut-être à croire que Satan existe ? Bernanos ne disait-il pas que la plus grande ruse de Satan est de laisser croire qu'il n'existe pas ?

Denis Lafay. — Le « vrai réalisme », Edgar, « sait que le présent est un moment dans un devenir », « sait que l'improbable est possible, et que le plus important et fréquent est l'arrivée de l'inattendu dans le réel ». Ce « vrai réalisme » est une condition essentielle à l'éclosion d'un « humanisme régénéré » qui reconnaisse le principe de « l'identité humaine commune », qui sanctuarise la Terre-patrie définissant notre « identité terrienne ». Quelle est votre définition de l'utopie ? Et de ses antonymes : réalisme, prosaïsme ? Une « bonne utopie » couplée à un « vrai réalisme » forment-ils les conditions de rêver, ou plutôt d'exaucer le rêve ?

Edgar Morin. — Définir l'utopie nécessite en effet, au préalable, de cerner avec précision le sens du mot « réalisme », et notamment de distinguer le *vrai* du *pseudo*-réalisme. Le *vrai* réalisme consiste à reconnaître et à composer avec les possibilités de transformation. Le *pseudo*-réalisme, quant à lui, c'est l'adaptation à l'immédiat. En d'autres termes, ce qui existe aujourd'hui est permanent, on ne tient pas compte que le réel est traversé par des forces souterraines incessantes, ni que le changement figure dans la nature même de la vie sociale. D'ailleurs, ce réalisme-là, mon maître, le philosophe Bernard Groethuysen [1880-1946], le ramenait à une belle formule : « Être réaliste, quelle utopie ! »

De même qu'on oppose ces deux formes de réalisme, on peut dissocier la *mauvaise* et la *bonne* utopie. La première imagine un monde parfait, où tout est harmonie. Or jamais on ne pourra éliminer l'ensemble des conflits, des malentendus, des erreurs, des haines, etc. Le monde parfait n'existe pas, n'existera jamais, et d'ailleurs rien n'est plus mortel que le parfait.

La bonne utopie consiste à penser que dépasser les conflits est *possible*, que la paix est *possible*, que nourrir toute l'humanité est *possible*. Par exemple, que réformer la mondialisation, mettre fin au néolibéralisme, maîtriser l'hypercapitalisme, est *possible*. Cette considération de la *possibilité* permet de se mettre en action et d'*essayer*. Rien, absolument rien n'est certain. Et cette règle vaut autant pour le réalisme que pour l'utopie. La juste utopie peut devenir réalité, comme ce que Pierre a entrepris en faveur de l'agroécologie. Lorsque cette *possibilité* a été accomplie, alors le but est atteint : réalisme et utopie ne s'opposent plus. Ainsi, l'utopie du meilleur des mondes peut faire place à l'espoir d'un monde meilleur.

Denis Lafay. — Une philosophie politique à laquelle, Edgar, vous souscrivez, rayonne de manière croissante : celle du « convivialisme ». Une philosophie de la « vie en commun » (convivance) qui s'accorde sur cinq principes : celui de *commune naturalité* – nous ne sommes pas maîtres et possesseurs de la nature, mais faisons destin commun avec elle – ; celui de *commune humanité* – qui condamne toutes les discriminations, de sexe, de couleur de peau, de croyance ou de religion – ; celui de *commune socialité* – la richesse pour les humains est d'abord celle de leurs rapports sociaux –; celui de *légitime individuation* – selon lequel la motivation première des humains est la quête de reconnaissance –; celui d'*opposition créatrice* – qui animait le libéralisme originel. Des principes réunis autour d'un impératif catégorique de lutte contre l'*ubris* (ou folie des grandeurs). Cette philosophie peut-elle être le moteur régénérant un dessein spirituel commun? Comment peut-elle «entrer dans le discours politique», comme l'y enjoint l'un de ses principaux promoteurs, le sociologue Alain Caillé?

Edgar Morin. — Le convivialisme n'est pas «la» solution, mais constitue une idée, une opportunité qu'il faut considérer avec grand soin. Son initiateur Ivan Illitch avait constaté le recul de la convivialité dans nos sociétés. Or la convivialité est sans doute «la» clé des relations humaines, et cela à tous les niveaux: au sein de sa famille, avec ses amis, ses voisins, ses collègues de travail, mais aussi avec les inconnus. Le concept est excellent, mais il ne faut pas que la politique l'embrigade. C'est comme l'écologie. Il est essentiel d'introduire la politique dans l'écologie, et l'écologie dans la politique ; mais l'écologie ne peut pas résoudre les problématiques de droit, de justice, de redistribution, etc., car elles ne relèvent pas de ses prérogatives. Le tort, à notre époque, est de se focaliser sur un seul point comme s'il était l'issue ou la voie *uniques* ; il n'en est jamais rien. Le convivialisme répond de cette même règle : il est *une* très juste idée, il n'est pas *la seule* très juste idée. Et c'est associé à d'autres principes qu'il peut donner le meilleur de ses potentialités.

Pierre Rabhi. — Ce sujet de la convivialité, je le raccorde à celui du progrès. Le dessein du progrès, c'est de convivialiser l'humanité tout entière. D'ailleurs, ne constate-t-on pas souvent que les bénéficiaires du progrès matériel et technique sont moins heureux que ceux qui n'y ont pas accès ? C'est la preuve que le progrès est l'objet d'une « régression magnifiée » – je mets ici volontairement de côté le progrès médical.

L'essentiel est d'être heureux dans son équilibre. Et rien d'autre. Et à cette fin, recréer la convivialité est primordial, car elle ouvre à la joie d'exister très simplement, sobrement. Le progrès n'existe pas, il y a même négation du progrès lorsqu'il est employé à détruire la vie, cette vie à laquelle nous devons nos propres vies.

Le drame de la société contemporaine est qu'elle supprime trop d'occasions de bonheur partagé. Et cela, on ne s'en rend plus compte. Lorsque j'emprunte le train, que constaté-je ? Personne ne se salue et ne se parle – ni même ne lit –, chacun est rivé à son téléphone ou à son ordinateur portable. Des instruments prétendument de communication qui tuent la communication. Les usagers sont informés instantanément d'une nouvelle au bout du monde ou du dernier cliché de vacances d'un soi-disant « ami » sur les réseaux sociaux, mais sont incapables de saluer leur voisin. Le progrès technologique a anéanti cette convivialité naturelle et si précieuse.

Denis Lafay. — « La politique de civilisation tend à favoriser l'essor des relations conviviales et aimantes dans une civilisation propice à la poésie de la vie, où le "Je" s'épanouit dans un "Nous". Elle est cardinale, car elle met en scène réciproquement la politique écologique et la politique de l'humanité – soucieuse de sauvegarder indissolublement l'unité et la diversité humaines. » Cette définition, Edgar, de la politique de civilisation, n'est-elle pas, en définitive, celle de la « vraie vie » à la construction de laquelle vous avez consacré votre existence ? Quelle est, à vos yeux à tous deux, la « vraie vie » ?

Edgar Morin. — La « vraie vie », c'est en premier lieu l'épanouissement du *je* dans un *nous*. C'est aussi la qualité poétique de l'existence, qui nous donne enthousiasme, participation, communion, fraternité. Je le réaffirme : la politique de civilisation nécessite la pleine conscience des besoins poétiques de l'être humain. C'est également sentir que nous contribuons à l'aventure de l'humanité, sans esquiver et en affrontant les inévitables périls. La «vraie vie», c'est prendre le parti d'Éros dans l'aventure de la vie, contre les forces de destruction et de mort, et s'y tenir. La «vraie vie» n'est pas seulement la vie individuelle; c'est aussi une vie sociale, une vie biologique, une vie matérielle, et c'est l'ensemble de ces vies qui doivent s'épanouir.

Intéressons-nous plus spécifiquement à cette «vie biologique». Que signifie-t-elle? Nous *vivons pour vivre*, pour jouir de la vie – même dans le repos –; mais nous savons qu'à chaque instant nous risquons la désintégration et la mort, et c'est l'une des raisons pour lesquelles nous nous reproduisons: notre seule vie n'est pas suffisante, nous voulons que des vies succèdent à la nôtre, et c'est l'illustration que nous vivons à la fois pour nous et pour cette nature qui nous dépasse.

Pierre Rabhi. — La «vraie vie», c'est n'être pas séparé de la vie. Je ne peux pas tolérer l'idée d'être emprisonné toute mon existence dans un complexe minéral, je ne veux pas me sentir dans une claustration urbaine. Le rapport à la nature est absolument indispensable pour me sentir vivant. C'est pourquoi, malgré les difficultés que j'ai exposées, bâtir notre existence dans cet écrin de l'Ardèche, retourner à la vie dans son essence même – sans oublier que nous sommes nous-mêmes enfants de cette vie –, forme, pour moi, la « quête de la vraie vie ».

Denis Lafay. — « Je et nous », évoquez-vous, Edgar. Quel « Je » pour quel « Nous » ? Quel « Je » dans quel « Nous » ? Quel « Nous » pour enluminer et entraîner chaque « Je » ? Quelle solidarité des « Je » qui n'éteigne aucun d'eux ? Comment, sur un plan, politique, l'articulation entre « Je » et « Nous » peut-elle prendre forme ? Comment, par exemple, protéger les intérêts d'un pays, d'une nation, et même d'un continent, dans la perspective de la « Terre patrie », de la « Terre matrice », de la « Terre monde », de la « communauté de destins » ? Le vœu universaliste est-il pertinent à l'heure où la relocalisation, le ralentissement, la proximité, doublés de la peur, participent à un vif regain de souveraineté ? Articuler « Je » et « Nous », envelopper « Je » dans « Nous », éveille une liste innombrable de questionnements : s'y concentre votre réflexion, votre engagement, Edgar, mais aussi l'incommensurable défi de l'humanité, tant s'opposent les propriétés et les trésors de « Je » et de « Nous ». Comment, au final, épanouir le « Je » dans l'épanouissement du « Nous » ? Nous sommes là au cœur du processus de transformation civilisationnel.

Edgar Morin. — En tout être humain coexistent deux logiciels, inséparables : le premier est l'égocentrisme. Il se justifie parce que nous devons nous nourrir, nous défendre. Le second apparaît dès la naissance, il est le besoin d'être bercé, consolé, aimé, et d'aimer. Nous nous construisons dans l'équilibre de ce *je* et de ce *nous*, or notre civilisation hypertrophie le *je* au détriment du *nous*. Le *nous* se réveille lorsque surgit un désastre, un attentat, une pandémie – la réaction collective après l'assassinat des journalistes de *Charlie Hebdo* ou du professeur Samuel Paty, celle aussi pendant le confinement l'attestent. Mais il se rendort aussitôt après. L'enjeu de notre civilisation est de ressusciter le *nous*, pas seulement parce nous faisons partie d'un collectif, mais parce qu'on se réalise mieux soi-même dans la relation avec autrui, qu'elle soit fraternelle ou aimante. Personne ne peut s'accomplir dans l'*égoïsme fermé*, si dominant aujourd'hui. *Faire commun*, c'est-à-dire penser des biens communs et composer des actions communes, est une idée capitale. Il est très difficile de la répandre. Mais ce n'est pas impossible.

Pierre Rabhi. — Ce n'est pas impossible certes, mais c'est de toute façon une nécessité absolue. Quoi qu'en disent les politiques, le salariat est appelé à disparaître. Et de toute façon, c'est l'ensemble de l'organisation et des statuts du travail qui est menacé. Que vont devenir les gens ? En réaction à cette désertification sociale et économique, et au fait que l'État et les entreprises ne subviendront plus aux besoins de la collectivité, l'avenir sera au regroupement des individus. Il sera alors possible de mutualiser les savoirs et les savoir-faire, de les mettre au service les uns des autres, et de concevoir un système éducatif fondé non pas sur la compétition et la hiérarchisation – destiné, selon Ivan Illitch, à préparer l'organisation sociale des adultes –, mais sur la solidarité. C'est l'objet des Oasis en tous lieux, que j'ai initiées il y a plus de trente ans et qui se multiplient. La finalité n'est pas la collectivisation des compétences, mais un partage et une réciprocité grâce auxquels chacun s'enrichit de ce qu'il *donne à* et *reçoit de* l'autre. C'est aussi une manière de considérer la nature avec lucidité : on cesse de la détruire, car rien n'est plus absurde que d'anéantir les fondements de la vie elle-même, et rien n'est plus incohérent que de prétendre, en plus, à un avenir.

Denis Lafay. — De nouveau, et ce n'est pas un hasard, intervient l'entrelacement harmonieux, mais aussi l'indissolubilité contraignante et acrobatique de *Je* et de *Nous*.

Edgar Morin. — La « vraie vie » suppose la nécessité de survivre pour pouvoir vivre. Rien n'est plus criminel que de priver les gens de survie. Et cela met en exergue la différence entre survivre et vivre : dans leur majorité, les humains sont condamnés à tout faire pour survivre, ce qui les empêche de vivre.

Nous vivons pour *Je*, mais pas uniquement ; nous vivons pour *nous*, mais pas uniquement non plus. C'est ce savant dosage auquel tout individu est convoqué. À chaque être humain, en fonction de son histoire, de ses valeurs, de ses convictions, de sa conception et de son sens de l'existence, de (dé)placer le curseur. L'épanouissement n'est pas possible en vase clos ni aux seules fins de soi-même ; il faut, en même temps, « se donner à quelque chose » ; Pierre se donne à l'agroécologie, le poète se donne à ses vers, l'écrivain se donne à son roman, le penseur, à sa philosophie, le compositeur, à sa partition, le peintre, à sa toile, le scientifique, à sa recherche, le professeur, à son enseignement, etc. On se donne, et en se donnant, on se trouve – souvent, aussi, on se retrouve. C'est cela la beauté de la vie, et parfois elle touche à l'extase.

Denis Lafay. — L'extase est-elle atteinte lorsqu'on a établi ce fameux « savant dosage », ce juste équilibre, cet incandescent syncrétisme de *Je* et de *Nous* ?

Edgar Morin. — L'extase, on le sait désormais grâce aux progrès de la science neurologique, surgit lorsque les centres cérébraux qui forment la séparation du *moi* et du *non-moi*, c'est-à-dire du *moi* et du *reste du monde*, sont inhibés. On est alors plongé dans une impression de fusion, comme lors d'un acte amoureux. On s'épanouit, se perd, se retrouve, se dissout… Finalement, la vraie vie, c'est peut-être la recherche de l'extase.

Denis Lafay. — L'heure est venue de conclure cet échange… extatique. Les actions de résistance que tous deux, chacun à sa manière, dans « sa » voie, avez accomplies au long de vos existences, ont toujours été tournées vers une perspective.

Un dessein. Elles se nourrissent aujourd'hui encore d'une justification et d'une *ambition*. La « cause » qui mobilise votre foi veut dégager une *ambition* universelle, réunificatrice, dynamique, heureuse, une *ambition* autre que de « seulement » freiner le suicide civilisationnel. « L'engagement ne vole ni loin ni longtemps si on lutte seulement contre ; il faut lutter aussi pour. Mais pour quoi ? » a raison de questionner le philosophe Baptiste Morizot[1]. Cette quête, cette finalité réclame de pouvoir penser l'avenir, et pour cela d'espérer. Edgar, vous aimez citer le philosophe grec Héraclite [VIe siècle av. J.-C.] : « Si tu ne l'espères pas, tu ne trouveras pas l'inespéré. » L'humanisme « est » vos vies, cet humanisme « qui n'est pas seulement le sentiment de communion humaine, de solidarité humaine, mais est aussi le sentiment d'être à l'intérieur de cette aventure inconnue et incroyable, et d'espérer qu'elle continue vers une métamorphose d'où

1. « Baptiste Morizot: "Il faut politiser l'émerveillement" », propos recueillis par Nicolas Truong, *Le Monde*, 4 août 2020.

naîtrait un devenir commun[1] ». Vos raisons d'être dans l'espérance, vos motifs de nous donner de l'espérance, quels sont-ils ?

Edgar Morin. — La première raison d'espérer tient à l'incertitude de l'aventure humaine, qu'elle concerne une personne dans son individualité ou l'humanité dans son entièreté. Le pire n'est jamais sûr, le meilleur non plus ; mais le fait de nous insérer dans la lutte entre les forces de convivialité, d'amour, d'union, de fraternité, et les forces de mépris, de haine, de désintégration, « fait du bien ». Lorsque j'étais dans la Résistance, sous l'Occupation, j'étais confronté à des conditions de vie et des dangers terribles ; pourtant, je me sentais *bien* parce que je faisais ce que je croyais être *bien*. Espérer, c'est en effet participer à ce que l'on sait être *bien*.

D'autre part, nous avons un besoin incoercible de penser au-delà, indépendamment de notre lendemain, de nos enfants, de notre confort. Une pièce de

1. Edgar Morin, *Changeons de voie*, 2020, *op. cit.*

théâtre de l'auteur hongrois Imre Madách, *La Tragédie de l'homme*, parue en 1861[1], en est une belle illustration. Dans une succession de tableaux historiques mettant en scène Adam et Ève, elle s'étire de la Genèse à la fin du monde, débute dans le bonheur et s'achève dans l'apocalypse. Dans l'ultime épisode, le soleil se refroidit, la terre est recouverte de glace, et ne reste plus sur terre qu'un couple. Tous deux sont dans un état lamentable, mais la femme, enceinte, accouche. Aussitôt, l'espoir resurgit, parce que l'enfant est là. Cette parabole nous dicte de vivre pleinement, joyeusement, chaque moment où l'on a conscience que « quelque chose » de beau se déroule. Ces moments qui ont jalonné mon existence, depuis la libération de Paris, ont en commun d'avoir été *fraternisation*, *amour*. C'est pour ces moments que l'on vit, des moments qui parfois mêlent drame et extase, tumultes et résilience. Et alors, de se sentir « faire commun », « faire

1. Imre Madách, *La Tragédie de l'homme*, adaptation française de Jean Rousselot, Budapest, Corvina, 1966 [1861].

ensemble », libère une formidable tonicité qui refoule la tentation du désespoir. « Mon » espoir, pour l'humanité autant que pour moi, réside dans la détermination de poursuivre le combat de vivre.

Pierre Rabhi. — Mon espoir serait que l'humanité, qui possède d'extraordinaires aptitudes, devienne enfin intelligente. La bombe atomique à laquelle Edgar faisait référence en est l'exemple : la concevoir réclame d'incroyables connaissances, la produire, la larguer, la vendre, est la négation de l'intelligence. La disproportion, inouïe, entre les budgets publics et privés destinés à tuer et ceux dévolus à la vie en est un autre. Que faire quand l'intention qui suscite ces miracles de savoirs est nuisible ? Cessons de confondre aptitudes et intelligence, et œuvrons à éveiller l'humanité à *prendre conscience*. Prendre conscience qu'elle forme « un », qu'elle partage un destin et un sort communs, que chaque mal ou bien se répercute universellement. Prendre conscience que cette merveilleuse Terre qui nous héberge mérite d'être soignée, que nous appartenons à une seule et même espèce, que chaque autre est frère, que le temps est venu de créer une convivialité planétaire. Prendre conscience qu'il faut additionner « ce » que l'on s'évertue à mettre en rivalité, à marchandiser ou à retrancher ; et par « ce », je fais d'abord référence aux intelligences. Et cela en faisant sien cet enseignement du Christ, mais qui est universel, œcuménique : « Il n'y a que l'amour qui peut changer le cours de l'humanité. » Voilà le retournement auquel, au plus profond de mon cœur et de mon âme, j'aspire. Si chacun de nous change, nous pouvons changer le monde.

Table des matières

Pour limiter l'empreinte environnementale
de leurs livres, les éditions de l'Aube
font le choix de papiers issus de forêts
durablement gérées et de sources contrôlées.

Achevé d'imprimer en décembre 2020
sur les presses de l'imprimerie Bussière
pour le compte des éditions de l'Aube
331, rue Amédée-Giniès, F-84240 La Tour d'Aigues

Numéro d'édition : 4097
Dépôt légal : janvier 2021
Numéro d'impression : 2054834

Imprimé en France